2019 年度国家社会科学基金重大项目"近现代日本对'满蒙'的
社会文化调查书写暨文化殖民史料文献的整理研究(1905-1945)"(19ZDA217)的阶段性成果。

2020 年度吉林省社会科学基金项目(博士和青年扶持项目)
"近代日本环境治理理论研究"(2020C129)的阶段性成果。

中国博士后科学基金第 68 批面上资助项目(2020M680452)的阶段性成果。

张晋 —— 著

A Study on Shozo Tanaka's Thought of "True Civilization"

田中正造『真文明』思想研究

社会科学文献出版社
SOCIAL SCIENCES ACADEMIC PRESS (CHINA)

目　录

绪 论

一 田中正造与"真文明"思想

田中正造（1841～1913）是日本近代政治家和思想家，生于日本栃木县佐野市小中村，幼名兼三郎，28 岁时改名为正造。田中正造青少年时期受到儒学思想（也称儒家思想）和西方启蒙思想的熏陶，经历两次入狱，出狱后立志"从政"，从担任区议员开始进入政界。田中正造参加过自由民权运动，历任栃木县议会议员、众议院议员。作为立宪改进党党员，田中正造连续六次当选日本帝国议会[①]众议院议员，并在第二任期内提出了足尾矿毒问题。为唤起社会舆论对此问题的关注，田中正造于 1901 年辞去了议员职务，并借机在一次议会活动后冒死向刚从议会归来的天皇直接陈诉足尾矿毒问题，被日本国民奉为"反公害义士"。同年，田中正造与基督教思想家新井奥邃首次会面，开始接触基督教思想。为表达自己与民众一同抗争的决心，他在晚年入住谷中村，带领村民发动反对政府废除谷中村并将其变为废蓄水池的运动，直至逝世。经历了幕末、明治和大正三个历史时期的田中正造，在晚年日记中写道："真正的文明，不令山荒芜，不令川干

---

① 日语原文为"大日本帝国議会"，中国学者的研究中多使用"大日本帝国议会"和"日本帝国议会"等译法，本书使用"日本帝国议会"这一译法。

涸，不破坏村庄，不杀戮人。"[1] 这句话浓缩并反映了田中正造的环境保护思想、民主思想与和平思想，人们将其称为田中正造的"真文明"思想。

"不令山荒芜，不令川干涸"表现了田中正造的环境保护思想。坐落于日本栃木县的足尾铜矿是日本近代历史上具有代表性的大铜矿。1877年古河市兵卫接管后采取"生产第一"的经营理念，完全忽视了当地的生态保护。铜矿冶炼需要大量燃料，为获取燃料，足尾铜矿厂滥伐当地山林，直接导致足尾铜山植被荒芜，洪水频发；且足尾铜矿厂排放的矿毒对渡良濑川流域的土壤、水质和大气等都造成了污染，并进一步污染了渡良濑川两岸农地和农作物。田中正造所主张的"不令山荒芜，不令川干涸"正是以足尾矿毒问题为焦点而提出的，其中包含了人同自然和谐发展的环境保护思想。

"不破坏村庄"表现出田中正造的自治思想及民主思想，具体表现为田中正造针对明治政府为"转嫁"足尾矿毒问题而要废除谷中村这一行径所进行的一系列反抗活动。通过这一系列活动可以看出，田中正造的"不破坏村庄"不仅包含他一直坚持的"自治思想"，还包括尊重民众利益等思想。这与田中正造的出身及经历都密切相关。田中正造曾是栃木县佐野市小中村的"名主"[2]，这一经历让田中正造从青少年时期便具有责任意识。此外，他从小就从当地儒学家赤尾小四郎那里接受了儒学思想。他不仅从中吸取了孟子仁政思想，孕育了"民为国本"的意识及对执政者施行仁政的要求，还吸取了儒学中的平等观念（这与田中正造受到富士讲信仰和下野地区风土人情等影响有着密不可分的关系），使他在日常生活中能够平等对待民众、重视

---

① 田中正造全集编纂会编『田中正造全集』第十三卷（日記5），岩波書店，1977，第260页。

② 江户时期的地方三种职务之一，指领主下担任解决村政工作的村长，这主要是日本关东地区的称呼。关西称为庄屋，日本东北地区称为肝煎。参见デジタル大辞泉［EB/OL］．http：//dictionary. goo. ne. jp/jn/164612/meaning/m0u/%E5%90%8D%E4%B8%BB/デジタル大辞泉，最后访问日期：2018年9月8日。

人民利益。此外，在第二次长达四年的牢狱生活中，田中正造阅读了《西国立志编》等书，西方的自由、民主和平等观念由此开始融入他的思想中。而其青少年时期以"名主"的身份反抗上层的经历，也为其自治思想奠定了一定的基础。

田中正造所主张的"不杀戮人"，象征着他的"非战论"思想与和平思想。这主要表现在他在中日甲午战争和日俄战争时对待战争的主张和观点上。[1] 田中正造在辞去众议院议员职务前后，其战争观发生了很大的变化。在担任议员期间，田中正造曾发表"军舰让田中我来建造吧"等言论，十分支持对外扩张的"义战论"观点。但在辞去议员职务后，在日俄战争爆发前的1903年2月，田中正造于静冈县的挂川就"非战论"进行了首次演说，表达了反对日本发动日俄战争的"非战论"观点。纵观田中正造"真文明"思想的演变轨迹，可以看出其经历了对欧美文明的认同、怀疑和否定几个阶段，这使得他对战争的看法发生了变化，有了从中日甲午战争时期的"义战论"到日俄战争时期的"非战论"的转变，乃至产生了"废除海陆军"的思想。[2]

明治维新之后，在维新政府"求知识于世界"的文明开化政策之

---

[1] 在此方面，研究者们从不同视角出发给予了不同的评价，如饭田进在《战争已逝：田中正造和平思想》研究中将其评价为"和平思想"，松田健在《论田中正造和平论》中将其评价为"和平论"，佐藤裕史在《田中正造非战论的形成和构造》中将其评价为"非战论"思想，梅田钦治在《田中正造军备全废的思想》中将其评价为"军备全废"思想，赤上刚在《甲午战争前后的田中正造的行动和思想——从支持中日甲午战争到非战·无战（军备全废）论的轨迹（特集 探求正造思想的"根"）》中将其首次评价为"无战"论；考察确认田中正造和平思想的真正含义，抑或在和平思想系谱中田中正造的和平思想的地位，将是本书考察的目的之一，笔者在后文将对此进行详细论述。相关内容请参见饭田进「戦いは昔のこととさとれ我人、田中正造の平和思想」，『法学館憲法研究所報』2014年第1期；松田健「田中正造における平和論について」，『国史学研究』，1989；佐藤裕史「田中正造における非戦論の形成と構造」，『史学雑誌』2000年第7期；梅田欽治「日本人の精神（11）田中正造、軍備全廃の思想」，『季論』2012年夏；梅田欽治「日露戦争百年—歴史認識の視点日露戦争に反対した田中正造—」，『前衛』2004年第12期；赤上剛「日清戦争前後の田中正造の行動と思想—日清戦争支持から非戦・無戦（軍備全廃）論への軌跡（特集 正造思想の『根』を探る—）」，『救現』2010。

[2] 日语原文为"軍備全廃の思想"，本书使用"'废除海陆军'思想"这一译法。

下，西方思想涌入日本，使明治时期的思想界涌现许多宣传西方文明的社会活动家和启蒙思想家，呈现百家争鸣的局面。但他们对于如何建立一个与专制的封建社会相对应的理想的民主社会并没有具体的蓝图。中江兆民、福泽谕吉等为使西方先进的政治思想能够顺利地植入日本社会，不断寻求传统和西方思想的共同基础，并在这个新构造出的基础上对封建社会进行改造，使其与西方思想融合以适应日本的国情。与此相对，并未留学海外的田中正造否定照搬西方思想，重视民众在社会中的地位，主张在保留本土文化的同时改造西方思想，以适应日本的国情。从这一角度可以认为田中正造思想在近代日本思想史上独树一帜并占有举足轻重的地位。也正是因为田中正造思想在近代日本思想史上的独特性，日本思想界和学术界非常重视对田中正造思想的研究。目前日本国内已有 9 个关于田中正造研究的协会组织，除定期开设讲座外，还发行了《足尾矿毒与田中正造》和《救现》等学术刊物。此外，田中正造的相关事迹还被收录到日本教科书中。在2013 年田中正造逝世百年之际，日本再度掀起了田中正造研究热潮，可见其对现代日本仍具有很大的影响力。而作为田中正造思想的核心内容，"真文明"思想不仅深刻地影响了明治时代的日本，而且对战后日本的现代化进程也产生了一定的影响。

研究田中正造的"真文明"思想，一是可以使人们正确认识田中正造思想，还原一个更为真实和全面的田中正造形象；二是可以使人们进一步认识到西方近代文明对明治时期的日本社会的冲击和影响，并由此反映日本近代化过程中的问题；三是中国学界有关田中正造"真文明"思想的研究还不是很多，本书可以在一定程度上丰富和深化其研究。从以上几点而言，研究田中正造"真文明"思想具有重要的学术价值。

从现实意义而言，一个国家的发展，终究离不开国家之间的关系、地方与中央的关系、人与自然的关系。而田中正造所主张的"真文明"思想，对人们思考和探索一个国家的可持续发展、人与自然和谐相处、国家间的和平交往等问题仍有一定的借鉴意义和现实意义。

二 中日"田中正造像"演变考

"田中正造像"即学者从不同视角出发，通过对田中正造的相关研究，给予田中正造不同评价。日本有关田中正造的研究始于二战前，随着战后 20 世纪 60 年代民众学研究兴起，田中正造作为"百姓"的代表得到了学者们的关注。在长达近 100 年的田中正造研究中，受社会思潮和研究者研究视角不同的影响，田中正造被赋予了"义人""战略家"等多样的形象。研究范式由最初的以整理分析史料为主，拓展到从民权运动史、思想史学等多领域对田中正造进行研究。"田中正造像"也经历了从"虚像"到"实像"的变迁过程。受史料等方面限制，我国在此方面研究尚存在进一步研究空间。因此，梳理中日有关田中正造思想研究的基本脉络和动态，考察"田中正造像"的变迁，不仅有利于推进国内的相关研究，对日本史乃至史学史的相关研究也具有参考价值。

国内有关田中正造的研究成果多是在介绍日本公害问题时提到足尾矿毒与田中正造，或是在研究与田中正造同一历史时期的人物时，对田中正造参与的直诉事件及宪法观略有涉及。康复的《日本公害法形成史话》（载《国外法学》1981 年第 2 期）可谓是国内最早涉及田中正造及其思想的学术论文，而商兆琦的《田中正造的思想世界——关于明治儒学的个案研究》（载《复旦学报》（社会科学版）2020 年第 5 期）则可以说是国内最新的研究成果。除此以外，这类研究还有刘立善的《日本公害的原点——足尾铜矿矿毒事件》（载《环境保护科学》1993 年第 2 期）；王述坤的《反公害的元祖——田中正造》（收于《日本名人奇闻异事》，上海出版社，2008 年）；包茂红的《日本的环境史研究》（载《全球史评论》第 4 辑，中国社会科学出版社，

2011 年）；胡备、吕利华的《论幸德秋水的"非战论"思想》（载《通化师范学院学报》2011 年第 1 期）；陈祥的《铜矿遗毒——足尾铜矿毒事件与不屈的田中正造》（收于梅雪芹等著《直面危机：社会发展与环境保护》，中国科学技术出版社，2014 年）；陈祥、梅雪芹的《环境问题"并非一国之问题"——论明治时期日本政治家田中正造的环保思想》（载《社会科学战线》2017 年第 1 期）；等等。

其中，笔者格外关注的是陈祥、梅雪芹的《环境问题"并非一国之问题"——论明治时期日本政治家田中正造的环保思想》。首先，该文将田中正造长达 20 年坚持反矿毒斗争的原因归结为"对自然的敬畏"、"基督教的影响"、"国家、人民观念的植入"和"近代人权思想的认识"这四点认识，并从涵养水源和治水中重视地形两方面论述了田中正造环境保护思想中所流露出的"对自然的敬畏"。对此，笔者认为这也源于田中正造青少年时期对于儒学的接触和吸收（该部分相关内容将在本书第三章中做详细阐述）。其次，与日本学者林竹二将田中正造思想评价为"草根民主主义"观点相似，该文章作者在文末指出："田中正造依托日本近代社会和传统，坚持与工业化进程中的环境问题做抗争，并始终将自己作为'受害者'民众中的一员，是近代东亚乡村知识分子的行动哲学的具体体现。"[1] 对此，笔者认为这不仅体现了东亚乡村知识分子的行动哲学，还体现了公共哲学中的"公私"观方面的内容（该部分相关内容将在本书第三章第三节中详细阐述）。

总体来看，目前国内有关田中正造的相关研究，大多是在考察足尾矿毒事件时，对其相关活动与思想做了间接的介绍和论述，未能进行深入和全面的专门研究。而少数几篇与田中正造思想直接相关的论文着重于田中正造的环境保护思想，对其民主思想、和平思想等少有涉猎。因此，整体来看，国内有关田中正造的研究可以说尚在起步阶

---

[1] 陈祥、梅雪芹：《环境问题"并非一国之问题"——论明治时期日本政治家田中正造的环保思想》，《社会科学战线》2017 年第 1 期。

段，有待于进一步丰富和深化其研究内容。

日本学界关于田中正造的研究始于二战前。二战前，日本学者受《治安警察法》《治安维持法》等限制，缺乏对国家权力和国家政治形态进行客观评论的自由，因此有关田中正造的研究发展较为缓慢，其所塑造的"田中正造像"主要表现为以下三个方面。

第一方面，直诉事件前的"代议士名人像"。有关直诉事件前的田中正造的研究重点，多为田中正造在日本帝国议会期间的"特言奇行"。对于田中正造在日本帝国议会期间的演说活动，日本二战前学界存在着两种不同意见。一种意见以二战前著名人物评论家春汀子为代表，对田中正造在日本帝国议会的奇言奇行持赞扬态度，将日本帝国议会中的田中正造评价为"众议院最有名的男议员""众口中的豪杰"。另一种以木户照阳为代表，认为田中正造在日本帝国议会中的行为是激进行为，将田中正造的行为批评为："无视礼法，滥用恶口杂言，玷污了神圣的议会。"对于田中正造演说时的穿着，木户照阳在《日本帝国国会议员正传》中，将"穿着五所纹黑木棉的羽织"的田中正造评价为"具有古代淳朴异样光彩"① 的武士。筱田正作在《明治新立志编》中，将明治22年演说中的田中正造评价为"蓬头乱发、衣衫褴褛的一介书生"②。对于田中正造在众议院议员期间与星亨等人的争论，学者们以田中正造在第十三、十四届日本帝国议会间与星亨的冲突为主要内容，将田中正造突然大声质问星亨的行为评价为"猛虎之吼"。③

第二方面，栗原彦三郎所塑造的带有天皇主义政治色彩的"义人像"。田中正造逝世后，"代议士名人像"被逐渐淡化，而直诉事件开

---

① 木户照阳：『日本帝国国会議員正伝』，田中宋栄堂，1890。
② 篠田正作：『明治新立志編』，鍾美堂，1891。
③ 该事件是指田中正造在日本帝国议会期间与星亨产生的冲突。第十三、十四届日本帝国议会期间，重野谦次郎被暴汉打了，宪政党院内总理星亨询问伤情之后说："大概是反对党的壮士所为吧。"田中正造听后，从议场一角起来，如"猛虎之吼"一般质问星亨："暴汉是反对党是什么意思？反对党是谁？"而后田中正造被命令退出议会厅。请参见石川半山『鳥飛兎走録』，北文館，1912，第51~63页。

始引起学者们的关注，田中正造被评价为类同于江户时期向将军家纲直诉的义人佐仓惣五郎①，这一"义人"形象最终在《义人全集》全五卷（1925～1927年，中外新论社）出版后确定下来。

1920年，栗原彦三郎②在自己主办的杂志《中外新论》上发行了特刊"义人号"。在"义人号"上发表的《田中翁所歌颂的以皇室为中心的祖国民众主义》和《感泣录》两篇论稿（后被《义人全集》全文收录）中，田中正造被渲染为带有"大亚细亚主义""民族共存主义"等色彩的天皇主义者。

栗原彦三郎指出："最近，一些学者认为田中正造对外国缺少批判态度，只是唯命是从；田中正造只追求新鲜事物，反对军事扩张。持有这样观点的人对田中正造的理解是错误的。"③ 栗原彦三郎接着指出："田中正造认为资本主义侵略是人世中最大的罪恶，它的残酷性比领土扩张严重。因为武力侵略是进行政治专制，但并没有达到剥夺幸福的程度。（与此相比——引者注）资本侵略是把居住在被侵略区的人民完全变成奴隶（而剥夺了人民的幸福——引者注）。特别是，武力侵略很难实现，而资本侵略的出现比想象得要快。将美国说成是正义之国的人们是只看到美国好的一方面，其实如果没有英俄两国的挟制，东亚就会陷入危机，在佩里时代美国就会征服日本。美国暴富后，对中国进行侵略，积累资本，这对日本也是有压力的。因此，日本必须要加以注意。"④ 为此，1925年栗原彦三郎策划出版了《义人全

---

① 江户前期，本名木内惣五郎，通称宗吾。佐仓藩（千叶县佐仓市）义民，因不堪忍受领主重税的农民直诉将军而被处死。

② 栗原彦三郎从幼年到青少年时期受到田中正造的知遇之恩。其父喜藏（1851～1911），自由民权期为田中正造的政友。明治29年12月青山学校在学中的栗原彦三郎在津田仙的导游下，视察矿毒受害地；并在以后的30年，组织在京知识人的演说会等，倾力于解决矿毒问题。

③ 田中正造全集编纂会编『田中正造全集』第十九卷（書簡6），岩波書店，1980，第543頁。

④ 田中正造全集编纂会编『田中正造全集』第十九卷（書簡6），岩波書店，1980，第543頁。

集》，他进一步表达了对美强硬论及联和中印俄共同对抗英美的主张，强调了外交的重要性。这从收录于《义人全集》中的由田中正造写给栗原彦三郎的两封信件中也可以窥见一斑："日本文明的恩人是中国、朝鲜、印度，但白种人并没有重视对日本有如此恩情的民族。请栗原君以后朝此方向努力，如果可以解决问题五分之一的话，我就欣慰了。""以下请务必实行：要与英美抗争，必须与中印俄三国结为盟友。（中略）外交不仁之国必将灭亡，正义之国将能统一世界。"① 对此，田中正造研究者由井正臣持质疑态度，认为这与现存的田中正造生前日记中所述的思想不符，存在着明显的篡改痕迹。② 由井正臣的学生小松裕也是田中正造研究者，他进一步将《义人全集》评价成"思想恶化"的人们"鼓舞民心"的"兴风富国的教科书"。③

在《义人全集》中，栗原虽然称田中正造为"先师"，并以"门下生"自居，却借田中正造表达了自己的政治主张，塑造了带有天皇主义政治色彩的"义人像"，这反映出当时日本的时代背景。

第三方面，木下尚江著述中的"圣人像"。木下尚江是田中正造生前好友，也是每日新闻社的评论记者。在二战前以"义人像"为研究主流的氛围中，木下尚江的著述表达了对田中正造的独特见解。木下尚江以田中正造的晚年活动为焦点，通过强调宗教对田中正造思想的影响，确定了田中正造的"圣人像"。木下尚江在田中正造逝世后，根据田中正造的遗文等出版了被誉为"田中正造研究三部曲"④ 的《田中正造翁》、《田中正造之生涯》和《神·人间·自由》。

1928 年出版的《田中正造之生涯》，可谓木下尚江最具代表性的著述。木下尚江在书中以"田中正造翁传记资料收集目的书"作为序

① 田中正造全集编纂会编『田中正造全集』第十九卷（書簡 6），岩波書店，1980，第543 頁。
② 田中正造全集编纂会编『田中正造全集』第十九卷（書簡 6），岩波書店，1980，第521 頁。
③ 小松裕：『田中正造：二一世紀への思想人』，筑摩書房，1995，第 4～5 頁。
④ 小松裕在《田中正造的近代》（现代企划室，2001）中最早使用这一说法。

言，将出版此书的目的归结为：“世间正被个人主义侵染，社会共存之精神日渐消退。此为世代之堪忧之事也。今传颂田中正造之言行，以此可使乡民永远纪念田中正造之精神，具有重要之意义也。此外，另具有向翁报恩之目的也。基于此目的，欲为作翁之详传做准备，特此收集翁之遗文，探索翁之遗事。”① 书中，木下尚江将田中正造思想高度评价为：“国由人兴，人因灵活，然人死后能因其灵而活者，古今稀也。我下野之义人田中正造翁乃如是者，可谓因其灵而活者也。翁之生涯，爱民济世之热忱色彩洋溢也。”② 木下尚江还将渡良濑川沿岸民众对田中正造的看法评述为：“翁之精神与山河共存，不依附于人为纪念物。翁之遗恩沿岸（民众——引者注）永不忘却，永记心中，虽（民众——引者注）将其遗骨分葬以表追念，但对翁之缅怀无法自抑。”③ 并将 1913 年田中正造绝笔中所言的“没有除去恶魔之力的人，其本身会成为恶魔——此时需要忏悔和洗礼”解读为圣人的境界，认为田中正造经过 70 余年的苦斗后，最终完成了“圣人出世”的夙愿。

总体来看，日本学界在二战前对田中正造的研究多集中在“代议士名人像”、“义人像”和“圣人像”等方面。而其中木下尚江的“圣人像”研究的影响比较明显，战后的研究者们多是在木下尚江所提出的“预言者形象”和“直诉义人形象”的基础上，从不同视角塑造了多样的“田中正造像”。

战后日本的田中正造研究，根据其研究特征，则大致可以分为如下三个阶段。

第一阶段是从 1945 年到 20 世纪 60 年代末。在二战前“义人像”和“圣人像”的基础上，田中正造作为思想家得到了学者们的关注，从而绽放出民主主义思想家的光芒。受日本战后民主主义思

---

① 田中正造著，木下尚江编『田中正造之生涯』，国民图书，1928，第 1 页。
② 田中正造著，木下尚江编『田中正造之生涯』，国民图书，1928，第 2~5 页。
③ 田中正造著，木下尚江编『田中正造之生涯』，国民图书，1928，第 2~5 页。

潮的影响，田中正造思想被认为是民主主义的起点，受到了学者们的高度评价。

1962 年田中正造逝世 50 周年之际，《思想》杂志发行了《纪念田中正造专辑》。在专辑中，学者林竹二首次给予田中正造"同苏格拉底一样，舍己为公的思想家"的高度评价。① 在《抵抗之根——田中正造研究的序章（特集·日本民主主义的原型）》一文中，林竹二指出，福泽谕吉对西方文明的学习，缺乏"士族抵抗精神"即"根精神"，从而将缺乏"士族抵抗精神"的文明评价为"没有根"的近代文明。其将田中正造与福泽谕吉相比较，评价田中正造是具有"守护人民的权利，对于权力不屈的抵抗精神"之人，并认为田中正造的"抵抗精神"来源于他对明治时期所传入的西方权利等思想的学习，以及在幕府时期对"名主公选"的"自治的好惯例"的体验。② 林竹二所塑造的田中正造像是在深化二战前木下尚江的"圣人像"基础上进行的，虽然具有将田中正造评价为思想家的独特视角，但是依然强调宗教对田中正造思想的影响，忽略了田中正造宗教思想的独特性。小松裕认为，林竹二虽然强调自由民权运动及其思想对田中正造研究的重要性，但将重点放在了谷中村时期的田中正造思想、对古代义人像的否定，而忽略了田中正造思想中所存在的受佐仓惣五郎影响的部分，忽视了对民众运动的考察，没有对田中正造与人民运动的关系进行深入论述，只捕捉了田中正造"人性"的一面，忽略了其具有幽默感的另一面。③ 尽管如此，笔者认为，林竹二首次将田中正造作为思想家进行考察，并提及新井奥邃对田中正造基督教思想的影响，这对第二阶段中田中正造的"民众思想家像"的塑造起到了积极的作用。

在林竹二的研究基础上，家永三郎和鹿野政直进一步从宪法观和

① 林竹二：『田中正造：その生と戦いの「根本義」』，田畑書店，1977，第はじめに頁。
② 林竹二：「抵抗の根—田中正造研究への序章—特集・日本民主主義の原型」，『思想の科学』1962 年第 6 期。
③ 小松裕：『田中正造の近代』，現代企画室，2001，第 26 頁。

国家观出发，将田中正造评价为"正确使用明治宪法的民主主义思想家"。① 家永三郎从自由民权运动和社会主义运动视角出发，考察了田中正造宪法思想，并认为田中正造是明治后期的"具有独特法宪法意识的民主主义思想家"。② 值得关注的是，家永三郎还在《日本近代思想史研究》中提及田中正造的和平思想③，为第三阶段学者的相关研究奠定了基础。鹿野政直在家永三郎的研究基础上，从田中正造的"宪法的思想"出发进一步将田中正造评价为："不仅仅是义人，而是典型的自立市民精神的体现者，是明治时期伟大的民主主义国家的构想者。"④

第二阶段是从 20 世纪 70 年代至 90 年代。1968 年，正值越南战争时期，日本国内社会运动高涨，一些研究者开始注重人在社会中的价值，关注处于社会底层并受歧视的人民在当时体制中如何按照一定的社会秩序组织起来，以及这种秩序的顶点——天皇。用与以往马克思主义历史学所强调的"绝对主义天皇制"不同的角度研究田中正造的天皇观和自治观，成为这一时期的研究重点。

受此影响，在这一阶段出现了对田中正造思想研究最具冲击力的"战略者像"的观点，如学者东海林吉郎认为田中正造是批判天皇主义者，主张直诉事件是田中正造与石川半山、幸德秋水等人为了唤起舆论进行的有计划的战略行动，是为政治目的而进行的极端的共同谋划的行动。对此，学者清水靖久和小松裕持有不同的观点，清水靖久认为田中正造的天皇观具有日本自古以来的"忠君意识"的思想特征，主张田中正造理解的国家是"一君万民"的"道德的共同体"。⑤

---

① 家永三郎关于田中正造研究的相关代表作有《现代日本思想大系 3 日本的民主主义》（1969 年 解说）、《日本近代宪法思想史研究》（1967 年）和《历史中的宪法（上）》（1977 年）等。

② 转引自小松裕『田中正造の近代』，现代企画室，2001，第 26 页。

③ 家永三郎：『日本近代思想史研究』，東京大学出版会，1953，第 2～10 页。

④ 鹿野政直：「田中正造—その人民国家の構想—」，『展望』1968 年第 6 期。

⑤ 转引自小松裕「田中正造における憲法と天皇」，『文学部論叢』，1987，第 54 页。

小松裕则认为"田中正造持有'制限君主天皇观',而'直诉'事件正是将对这种天皇观的明确把握",并通过对田中正造天皇观的论述，证实了直诉事件是田中正造的非计划性行动。[①]

60 年代，田中正造研究随着民众思想研究一起进入研究热潮时期，以牧原宪夫和花崎皋平为代表的日本学者，在林竹二主张的"田中正造具有批判封建思想、具有士族的抵抗精神"的基础上，展开了关于田中正造思想的"传统思想和近代思想的从属问题"的讨论。

学者花崎皋平将田中正造思想高度评价为西欧的近代思想和"土著"的传统思想的统合体，并在《田中正造的思想（上）》一文中指出："田中正造的神观、宗教观是田中正造思想的骨架，西欧的基督教是其中的异质。"[②] 布川清司则将林竹二指出的田中正造形象中所具有的"士族的抵抗精神"进一步发展为"近世民众的不服从精神"，他从近世民众伦理思想的革新视角出发，主张近代思想与传统思想并没有明显界限，认为田中正造是同时持有这两种思想的人，是基于近代思想基础上对传统思想进行创新的人，[③] 并在之后的《田中正造的非暴力不合作》一文中，将田中正造在谷中村的反废村行动评价为"具有儒学的政治观（仁政观——引者注）的非暴力不合作"思想。[④]民众思想史学者牧原宪夫在肯定了自由民权运动对日本民众的国民意识的影响的基础上，认为民众具有"政事观念"，并将其解释为江户时期民众基于"仁政"的理念而抱有"客分意识"，对幕府统治的默认与服从。牧原宪夫认为在明治初期，民众面对政府"不仁政"抱有对政府的排斥和不合作的"客分意识"，并主张要想使民众摆脱"客

① 参见小松裕「田中正造における憲法と天皇」，『文学部論叢』，1987。
② 花崎皋平：「田中正造の思想（上）」，『世界』1984 年第 3 期。
③ 市井三郎、布川清司：『伝統的革新思想論』，平凡社，1972，第 115 頁。
④ 布川清司：「田中正造の非暴力・非服従」，『神戸大学発達科学部研究紀要』1994 年第 2 期。

分意识"而拥有国民意识，就必须使民众参与到国事中来，抱有同国家共命运的一体意识。① 为此，牧原宪夫将田中正造评价为具有"民众的政事观念"的人。

1979 年，田中正造编纂会整理田中正造生前的日记、会议讲稿等，出版了《田中正造全集》，这为后继研究者开拓田中正造研究新领域奠定了史料基础，使其后的田中正造研究在数量和质量上都有了很大的突破。在有关田中正造民主主义思想方面，远山茂树和由井正臣深化了家永三郎和鹿野政直等人的研究，对自由民权时期和日本帝国议会期间的田中正造的社会活动进行了更加深入的考察。远山茂树首次提出田中正造的直诉事件具有"以人民利益为出发"的"单纯性"和"计划性"的双重性质，并认为从田中正造的政治家时期和自由民权时期的经历来看，田中正造的"直诉"具有一定的"计划性"。② 由井正臣在对木下尚江和林竹二等人的"宗教思想在田中正造思想上占支配性地位"的观点进行批判的基础上，对家永三郎和鹿野政直等人的"田中正造具有独特的宪法意识"的观点持赞成态度，他指出"田中正造批判明治政治，不仅仅是受宗教影响而战，更是出于为规范宪法的政治而战"③，认为田中正造想建立的理想国家是"具有人权和自治的人民主权国家"。④ 在有关田中正造的和平思想方面，20世纪 80 年代，学者们在家永三郎研究的基础上开始关注田中正造的和平思想，饭田进和南敏雄等学者从不同视角论述了田中正造的和平思想。饭田进以日俄战争中的田中正造和平思想的形成过程为中心，论述了田中正造的"废除海陆军"思想⑤。南敏雄则从国家像角度出发，

---

① 参见戴宇《从"客分意识"到"国民意识"——牧原宪〈客分与国民之间——近代民众的政治意识〉评介》，《史学集刊》2012 年第 1 期。
② 转引自小松裕『田中正造の近代』，现代企画室，2001，第 20～30 页。
③ 由井正臣：『田中正造』，岩波書店，1984，第 212 頁。
④ 由井正臣：『田中正造』，岩波書店，1984，第 214 頁。
⑤ 飯田進：「戦いは昔のこととさとれ我人、田中正造の平和思想」，『法学館憲法研究所報』2014 年第 1 期。

通过"大国论""小国论"论述了田中正造的和平思想①。

第三阶段是从 20 世纪 90 年代至今。1989 年岩波书店以《田中正造全集》为底本出版了《田中正造选集》，该选集以田中正造生前的自由民权活动、民党政治家时期的活动、矿毒事件、谷中村事件为主题，共分为七卷。该选集的出版为研究者们塑造田中正造全像提供了契机。研究者们试图在考察田中正造思想的独特性基础上，探索田中正造思想在世界民权运动史中的地位，并尝试通过田中正造与其他国家的民权运动家的对比来突出田中正造思想的独特性，以塑造完整的田中正造形象。

在田中正造"传统思想"的研究方面，小松裕的研究弱化了基督教对田中正造宗教思想的作用，通过考察青年时期田中正造的"富士讲思想"② 和"勤王论"，论证了田中正造在"传统思想"方面的独特性。此外，三浦显一郎和住田良仁在田中正造"传统思想"的研究方面也取得了优异的研究成果。三浦显一郎以《田中正造昔话》为史料，考察了田中正造作为政治家之前的经历，认为正因为这种经历，田中正造才能够在接触西方近代思想后得出"自治的好惯例""人民的权力"等结论，这些经历是田中正造以后斗争的动力。③ 住田良仁则以田中正造青少年时期的成长环境、教育环境等为中心，通过对其老师赤尾小四郎等人的思想的考察，论证了田中正造对儒学的"末代腐儒"、"死儒"和"后世末世的愚儒"等评论，同其后来"学而时习之""三人行必有我师"等言论的矛盾性。④

在人物比较研究方面，小松裕将韩国民权运动家咸锡宪和田中正造的民权思想进行了对比分析。而清水靖久则通过对木下尚江思想的

① 南敏雄：「田中正造の全体像を求めて―知られざる翁の近代批判と完全非武装論について―」，『日本及日本人』1983 年第 7 期。
② 富士讲思想是一种日本民众宗教，详见第二章相关内容。
③ 三浦顕一郎：「田中正造の原初体験」，『白鴎法學』，2002。
④ 住田良仁：「田中正造考（一）：序論正造の現代文明批判」，『人文社会科学系』，1992。

考察，认为木下尚江对田中正造思想的认识和理解随着自身的思想变化也发生了变迁，并且二者思想和存在着根本性的差异。① 饭田进通过对田中正造政治思想的考察，主张田中正造思想是在受到好友内村鉴三和幸德秋水的非战论以及足尾矿毒问题影响后，彻底转向了"非战论"。②

在田中正造和平思想的研究方面，2001 年，《田中正造全集》和《田中正造选集》的参编者小松裕出版了《田中正造的近代》，该书收录了小松裕近八年有关田中正造思想研究的相关成果，可谓将日本的田中正造研究推上了新高峰。一方面，该书具有传记性质，详细叙述了田中正造的一生经历。另一方面，该书从近代化视角论述了田中正造的近代化观念，最终得出结论："至今为止，很多人评价田中正造是'反近代'的思想家，但笔者认为应该注意到田中正造并没有否定近代化、文明化。田中正造否定的是破坏人民的生命财产和牺牲自然的理念，以及以物质文明为中心的利益优先、经济至上主义的近代化，田中正造主张人们应该在发展物质文明的同时合理地让'道德心'③与之齐头并进。"④ 值得关注的是，书中小松裕不仅"旧说新谈"，提出田中正造政治思想体现了孟子的"德政"，还肯定了"田中正造倡导非战和平以及废除海陆军备"的主张。⑤ 基于小松裕的研究成果，日本学者在田中正造对中日甲午战争态度方面存在着不同的看法。梅田钦治认为，田中正造在中日甲午战争中没有明确表明态度，而在日俄战争开始后，则开始表明自己"非战论"的立场。⑥ 花崎皋平认为

① 清水靖久：「木下尚江にとっての田中正造」，『法政研究』1991 年第 2 期。
② 饭田進：「戦いは昔のこととさとれ我人、田中正造の平和思想」，『法学館憲法研究所報』2014 年第 1 期。
③ 日语原文为"德相"意为道德心、公德心等含义，本书使用"道德心"这一译法。
④ 小松裕：『田中正造の近代』，现代企画室，2001，第 662 頁。
⑤ 小松裕：『田中正造の近代』，现代企画室，2001，第 661 頁。
⑥ 梅田欽治：「日露戦争百年—歴史認識の視点日露戦争に反対した田中正造—」，『前衛』2004 年第 12 期。

田中正造"战争，国民万岁"的言论是对中日甲午战争的肯定。[①] 饭田进在《战争已逝：田中正造的平和思想》中，将田中正造对待中日甲午战争的立场归结为"朝鲜扶翼论"。[②] 这些研究对于进一步塑造田中正造"实像"都起到了一定的作用。

2011年3月11日发生的"东日本大地震"，引发了日本福岛核电站泄漏和足尾铜矿的堆积矿渣表层崩坏，这再次引发学者们对足尾矿毒问题和田中正造的反公害运动及其思想的关注。一方面，日本学界开展了转变日本社会文明观的讨论，从不同角度宣扬田中正造的"真文明"论，批判现代文明。住田良仁从田中正造进入谷中村后的"无学"、"虚心"和"素面"等思想出发，对殖产兴业政策所带来的环境问题进行了批判。[③] 佐江众一从田中正造站在被害农民的立场谴责明治政府，带领当地人反抗政府破坏谷中村的视角出发，将田中正造评价为"地球环境问题的先驱"，认为田中正造同农民共同抗争的壮举对现在仍有借鉴意义。[④] 小松裕从田中正造的"水思想"、"否定欲望的思想"和"和平思想"出发，梳理了田中正造"真文明"思想的轨迹，并对现代的水俣病进行了考察，他认为日本的谏早湾开拓和建川边川河坝等，是利用"公共事业"的名义追求"人造的利益"。[⑤] 另一方面，学者加强了有关田中正造的环境保护思想方面的研究。小松裕教授在《田中正造的水思想》中，在对田中正造的治水过程和治水论的历史地位进行考察的基础上认为，田中正造利用自然地势进行治水的方法，体现了中国古代孟子等人所主张的传统治水方法，并认为田

① 花崎皋平：「田中正造の思想（下）」，『世界』1984年第4期。
② 飯田進：「戦いは昔のこととさとれ我人、田中正造の平和思想」，『法学館憲法研究所報』2014年第1期。
③ 住田良仁：「田中正造考（一）：序論正造の現代文明批判」，『人文社会科学系』，1992。
④ 佐江衆一：『田中正造』，岩波書店，1993，第198頁。
⑤ 小松裕：『真の文明は人を殺さず：田中正造の言葉に学ぶ明日の日本』，小学館，2011；小松裕、金泰昌：『公共する人間4 田中正造：生涯を公共に献げた行動する思想人』，東京大学出版会，2010。

中正造对"近代"科学技术持批判态度，认为它是导致"灾难"的原因。① 商兆琦在《田中正造的"无学"思想的考察》中指出，田中正造受幕末的儒学影响，其"无学"思想具有阳明学的"知行合一"等特色。②

2011 年，小松裕在《真正的文明是不杀戮的文明：明日的日本向田中正造学习》③ 一书中，首次就"真文明"思想这一概念进行了论述。该书从"学习生存方法"、"从矿毒问题中学习"、"从政治思想学习"、"向'谷中学'学习"、"从和自然共生中学习"和"向公共思想学习"六个方面，解读和介绍了田中正造的"真文明"思想，为研究者们提供了新的研究视角。

综上所述，日本二战前有关田中正造的研究结论止于"义人像"和"圣人像"，而战后日本的"田中正造像"研究，则经历了由"民主主义战士像"到"全像"即虚像向实像的转变过程。战后初期，研究者借助足尾矿毒事件批判明治政府，这成为战后日本学者直视战败的一个表现手段，而运动的指导者田中正造的思想也因此获得了研究者们的关注。进入 20 世纪 70 年代，战后的民主化改革早已成为历史，战后启蒙运动不了了之，伴随着对日本现状的满足感的充溢，日本已经不需要二战前所树立的"鼓舞人心的教科书"（义人像），"战略者像"应运而生。随着越来越多马克思主义学者对田中正造的研究，田中正造研究逐渐渲染了"阶级色彩"，出现了以"民众思想家"为主体的"田中正造像"。无论是从直诉事件具有计划性角度树立的"战略者像"，还是以民众学视角塑造的"民众思想家像"，乃至 90 年代小松裕塑造的全像，都为研究者提供了研究人物思想时值得借鉴的研究范式。

---

① 小松裕：「田中正造の水の思想」，『文学部論叢』1994 年第 4 期。

② 商兆琦：「田中正造の『無学』をめぐる一考察」，『新潟史学』2009 年第 2 期。

③ 小松裕：『真の文明は人を殺さず：田中正造の言葉に学ぶ明日の日本』，小学館，2011。

三 "真文明"思想分析纲要

本书首先分析和论述田中正造思想的内容、形成、发展及其思想理念的独特性。通过分析和论述田中正造思想来反映民主主义思想等对日本近代史所产生的影响，以及"真文明"思想中民主思想、环境保护思想、和平思想三者的关系。

具体而言，本书旨在分析和论述田中正造"真文明"思想的内容及其形成、发展的过程，以及其思想理念的独特性，同时考察田中正造的"真文明"思想在日本文明论系谱中的位置。为此，本书试图在论述关乎田中正造"真文明"思想渊源的儒学思想、基督教思想等的基础上，对构成其"真文明"思想的核心内容的民主思想、环境保护思想与和平思想等进行考察分析。

就其民主思想，将以田中正造担任《栃木新闻》主编期间和他在初期日本帝国议会期间的言论为主要史料，按照思想分期，从田中正造就自由民权运动时期的"国会开设论"、初期日本帝国议会期间的财政预算、打压异己和对外政策的主张和看法，以及田中正造入住谷中村后的自治思想变迁等几方面，来考察田中正造的民主思想的内容及特征。

就其环境保护思想，拟通过足尾矿毒事件和反对废除谷中村运动等进行考察。受小松裕等先行研究的启发，本书将着重从儒学思想角度对田中正造的治水论进行考察。

就其和平思想，拟通过分析田中正造在中日甲午战争中的态度和行动，来考察其"非战论""废除海陆军备论"等思想，并试图分析田中正造的态度和行动变化的根源，以及田中正造的战争观在明治时期和平思想系谱中的位置。

最后在上述研究基础上，探析田中正造"真文明"思想的特征和各构成内容之关系。

在研究方法方面，本书主要运用思想分期和比较分析法对田中正造"真文明"思想进行研究分析。捕捉历史人物思想的方法之一是将其思想进行分期。因此，本书不仅将田中正造"真文明"思想分为民主思想、环境思想与和平思想三部分进行横向研究，还按照发展阶段，分别对其"真文明"思想的各组成部分进行纵向研究。关于田中正造的思想分期，迄今为止，日本学界的研究主流是木下尚江的以直诉事件为中心将田中正造思想分为两个时期。而小松裕在《田中正造——编织未来的思想人》中，将田中正造思想分为四个时期：第一个时期是 1889 年以前，这个时期的田中正造完全处于"传统的思想世界"中；第二个时期从 1889 年到 1900 年前后，这一时期田中正造因参加足尾矿毒事件而对所谓的"近代文明"开始产生疑问，本时期可以说是田中正造思想的过渡期；第三个时期是从 1900 年前后到 1907 年前后，这个时期发生了直诉事件，田中正造的思想开始发生巨大的变化；第四个时期是从谷中村遭受强制破坏后至田中正造逝世，是其"真文明"思想最终形成时期。笔者认为小松裕的思想分期与木下尚江的分期相比，更能有效地考察田中正造的思想演变过程。因此，本书将按照小松裕的思想分期法，对田中正造的"真文明"思想及其演变过程进行考察。

比较研究方法是社会科学研究中的重要方法，该方法是以发现事物之间的内在联系为目的，而形成科学理论。在人物思想研究方面，比较研究方法是在确定比较对象后，将人物的某方面思想或几方面思想进行科学详细的研究分析，构建它们之间的联系，考察它们之间的异同，推论其发展的必然结果。[①] 在比较研究人物思想方法中，同期历史人物思想的比较研究具有重要价值和研究意义。另外，丸山真男以比较福泽谕吉、冈仓天心和内村鉴三思想为例，曾做出如

---

① 余斌、李嘉玮：《论比较研究的方法》，《河北经贸大学学报》2016 年第 3 期。

下论述：

> 以相似的时代为背景，从那里引出某个程度相当的课题，在各个领域里扮演的作用，能够找到比乍一看更多的平衡要素。可是，这样是无法考察（福泽谕吉、冈仓天心、内村鉴三）这三个人之间的特征、思想和生活方式上的巨大差异。如此，把相异点置于一个焦点是无法进行比较的。因此，在以下的示例中，我把这三人的思想置于交错的立场中，考察各自思想上反映出的不同点，即试图找出他们在思想史中产生分歧原因。[1]

另外，田中正造主要通过身边好友以及江刺县狱中的西方书籍接触西方思想，在与身边好友交往时，选择性地接受了他们的宗教等思想中的内容，这也是本书将田中正造思想与同时期人物进行对比的另外一个原因。

以比较研究为方法，本书在民主思想方面，将田中正造与植木枝盛等明治知识分子从"构建什么样的国家制度"视角出发进行对比分析，从而归纳出田中正造民主思想的特征。在环境保护思想方面，本书着眼于足尾铜山矿毒问题，将田中正造与同期明治知识分子对此问题的看法进行比较分析，从而概括出田中正造环境思想的特征；在和平思想方面，本书着眼于中日甲午战争和日俄战争，通过田中正造与同期基督教者及社会主义者战争观的对比，分析其和平思想的特征。

本书参考了笔者赴日留学期间收集整理的一些一手资料。除了利用《田中正造全集》《田中正造选集》之外，还将利用《栃木县史》、《小中村史迹》、《佐野市史》和新公开的田中正造任议员期间的书信等资料，以及当时的《读卖新闻》和《每日新闻》等的相关报道，力求做到史料充分翔实，客观评述，尽量避免史料运用上的片面性问题。

---

① 松沢弘陽、植手通有編『丸山真男集』，岩波書店，1996～1997，第40～50頁。

田中正造同时期相关人物的思想也会对其思想造成很大影响，因时间和篇幅，本书未能深入探讨这些内容。此外，虽然笔者阅读了大量文献，并在留学期间收集到了一些资料，但限于笔者的学识水平，本书仍可能有一定疏漏，不足之处，请读者不吝赐教。

第一章 传统世界的熏陶和近代西方思想的影响

——田中正造"真文明"思想的产生基础与背景

田中正造一生经历了幕末、明治和大正三个历史时期,在这一历史背景下,田中正造不仅受到了幕末传统思想的熏陶,而且受到了明治变革思想的影响,最终通过其毕生的实践,提出了著名的"真文明"思想。我们在考察田中正造"真文明"思想变化轨迹和特征之际,不能不先追溯一下其思想渊源。本章将从"传统世界的熏陶和影响"与"近代西方思想的启蒙与影响"两方面对"真文明"思想的渊源进行论述,并在此基础上试图对其特征进行阐析。

第一节 传统世界的熏陶和影响

一 田中正造的家世

田中正造出生于下野国安苏郡小中村的村长之家,是田中富藏的长子。小中村的领主是高家六角氏[①],田中正造的青少年时期,正是

---

① 六角家在下野国领有包括小中村在内的七个村子,另外还有武藏国的两个村子,一共是两千石的知行。

六角广泰担任领主的时期。① 在《田中正造昔话》中，田中正造将自己评价为"下野的百姓"。② 据日本学者考察，田中正造家从田中正造祖父开始任村中名主职务，虽说是名主，但安苏郡的农民阶级划分并不是十分明显的。从经营规模来说，他家也不过是雇有一两个农民的中农家庭。③ 然而从现有史料关于田中正造父亲田中富藏获得领主赐予可以配刀的许可的记载中可以看出，田中正造家并非村中普通家庭。另外，据《小中村史迹》显示，田中正造家可谓村中名门望族，在村中具有一定的话语权。这影响了田中正造在自由民权时期县议会中的地位。田中正造担任名主的经历，使其具有强烈的公共责任意识，能够从大局出发处理足尾矿毒问题；也培育了其责任意识，在面对足尾矿毒问题时，能从民众角度出发，反对破坏环境并牺牲民众利益的足尾铜矿的开采。

安丸良夫在《日本近代化和民众运动》中认为日本幕末时期民众的日常行为规范处于一种"通俗道德"的氛围中。"通俗道德"的内容包括民众日常的行为规范，如勤勉、谦让、正直等。安丸良夫认为"通俗道德"作为统治意识形态和外在的规范，有稳定统治体制的作用。农民起义和市民斗争正是因为有了已转化为民众自己秩序的"通俗道德"的支撑，才具有激烈性、尖锐性、持久性和组织性。"通俗道德"是"改造社会"起义的基础和斗争武器，并有发展为民众世界观的可能性。④ 生于幕末的田中正造也潜移默化地被这种"通俗道德"

---

① 田中正造全集編纂会編『田中正造全集』第一卷（自伝、論稿 1），岩波書店，1977，第 17、13 頁。
② 田中正造全集編纂会編『田中正造全集』第一卷（自伝、論稿 1），岩波書店，1977，第 291 頁。
③ 吉田向学，「部落序説」，(2006 - 09 - 16)，http://blog.goo.ne.jp/eigaku/e/85400a254b134e65d35f7dc00f31a5b6，最后访问日期：2018 年 5 月 8 日。
④ 安丸良夫：『日本の近代化と民衆思想』，青木書店，1974，第 1~2、145、12~16 頁。相关内容请参见沈仁安《德川时代史论》，河北人民出版社，2003，第 270~271 页；沈仁安《日本史研究序说》，香港社会科学出版社，2001，第 387~394 页。

氛围所影响，具有勤勉等品质。从其回忆录《田中正造昔话》中可以看出，年少的田中正造，每天工作繁忙，不仅勤勉于务农，还做起了蓝玉的生意。

予勤勉务农，当时非常努力，每反地比他人能多收二斗，双手也因此长满茧，现在还能看出来茧的痕迹……这乃是当时的努力所赐予的勋章啊。

农业方面的利润极其少，于是我还做起了蓝玉的生意。

……

早饭前必去割草……

早饭后去蓝玉厂屋，大概从事两小时的商业事宜。

上述事情完成后，入寺庙，教授数十名儿童读书写字。

晚饭后再次回到蓝玉厂屋巡视，夜里去寺院，与朋友点灯相会以温习汉籍。……①

此外，田中正造从幼年开始便具有正直、倔强的性格。他在《田中正造昔话》中回忆，在自己五岁的时候，被男仆说画得并不好，便生气地压着他们在自己的画上修改，在男仆们表示了歉意后也未能原谅他们，并顽固地不听母亲的劝解，因此在雨中被罚站了两个小时。②这种自小而有的倔强性格，或许在一定程度上对其之后的一些行为产生了影响。

二 传统宗教之教化

"富士讲"又称"浅间讲"，是起源于富士山脚下的民众对浅间日

---

① 田中正造全集编纂会编『田中正造全集』第一卷（自伝、論稿1），岩波書店，1977，第8~9頁。

② 田中正造全集编纂会编『田中正造全集』第一卷（自伝、論稿1），岩波書店，1977，第1~2頁。

元神的一种民间信仰，在下野国的足利郡和安苏郡很有影响。① 它的创始人是长谷川角行（1541～1646）。最初，富士讲的布教活动主要是以巫术来治疗民众的疾病，并没有形成太大的影响，而其发展成为一种具有影响力的民间信仰，归功于食行身禄（1671～1733）的大力推广。食行身禄否定传统的以巫术治病为主的布教活动，将做人诚实、慈悲为怀和勤劳努力做事作为富士讲信仰的核心，称大米为"真正的菩萨"，强调社会各个阶层应该和睦发展。尽管一开始江户幕府禁止富士讲信仰的传播，但这种信仰已经深入民心，幕府也无能为力了。食行身禄去世后，他的弟子们根据他的教导创建了很多分支，使得富士讲信仰的传播进一步扩大。根据教义，富士讲的信徒们每个月都要聚集在御师（宗教中专门负责祈祷的神职人员）家中进行礼拜，每年还要选出一个代表去参拜富士山。此外，富士讲的教义中还有众生平等的思想，这主要体现在对私有财产的看法上。富士讲主张所有的财富都是神暂时寄放在人间的物品，所以禁止教众因私欲或者不正当目的利用这些财物，并倡导将这些财物平分给众人，这样可以消除人与神灵之间的沟通障碍。天地神灵接收到信众的愿望，保佑稻米大丰收。②

田中正造的妹妹和妻子都是富士讲信仰的教众。田中正造在日记和《田中正造昔话》中，虽然没有明确自己是富士讲信徒，但从散落的史料中可以看出青少年时期的田中正造受到了富士讲教义潜移默化的影响。例如，田中正造回忆在赤尾小四郎私塾的学习生活时，曾感叹自己记忆力差，于是他"独自祈求富士浅间的神灵"可以增强他的

---

① 安丸良夫在《日本的近代化和民众思想》中将富士讲信仰作为民众宗教信仰而论述，因此笔者将此归结传统宗教。相关内容请参见安丸良夫『日本の近代化と民衆思想』，青木書店，1974。

② 关于富士讲的相关内容请参见岩科小一郎『富士講の歴史：江戸庶民の山岳信仰』，名著出版社，2000，第42～396頁。

记忆力。① 此外，田中正造使用富士讲信徒的方法祛除病痛。在同伴生病时，每天清晨"用冰水洗澡"，赤脚去一里之外的富士讲浅间神社进行 21 天的参拜，祈求同伴和家人痊愈。② 对于自己病痛的治愈方式，田中正造的做法也与富士讲信徒的方法一致，他曾回忆自己的治病经历：

> 在下都贺郡网户村的富士讲浅间神社里有个池塘，连续入浴 21 天的话，神灵就会出现治病。正造听说了这些后，在亲人的劝告下奔赴了浅间神社。……池水极脏，很容易传染疾病。……患者每天都在富士讲浅间神社举行神祭，喝下两三碗这样的水。即使因此腹泻，病得爬都爬不起来，仍然要抱着（对富士讲浅间神——引者注）感恩的心情每天继续喝着。……兼三郎（田中正造——引者注）也是一样，甚至争强好胜地断食 27 天来祭祀富士讲浅间神。……后来我浑身都起了疮并流出脓来，就这样回了家……即使这样，正造依然拖着自己虚弱的身体，每天数次去神社参拜……母亲认为正造生病一定是受了浅间神社的旨意，而不顾自己的病痛每天夜里三更去神社，可谓是将自己生命奉献给浅间神社，祈求祛除病难……幸运的是，当时我没有死去，神奇般地恢复了健康。③

在富士讲信仰的熏陶下，田中正造吸收了富士讲教义中的"正直""勤勉"等思想，主张众生皆平等。这表现为田中正造对待日本当时所谓的"贱民"十分友好，不存在歧视态度。日本于明治 44 年

---

① 田中正造全集编纂会编『田中正造全集』第一卷（自传、论稿 1），岩波书店，1977，第 194 ~ 198 页。

② 田中正造全集编纂会编『田中正造全集』第一卷（自传、论稿 1），岩波书店，1977，第 247 页。

③ 田中正造全集编纂会编『田中正造全集』第一卷（自传、论稿 1），岩波书店，1977，第 274 ~ 275 页。

颁布《贱民废止令》，而在此之前，日本存在着严重的等级观念。然而田中正造对于身份等级低下的贱民，并没有区别对待。当时村中认为贱民十分卑贱，不可以上席吃饭和入浴。但田中正造让贱民入席吃饭，入浴洗澡。在天气炎热的时候，贱民在田间劳作，十分辛苦。田中正造就给这些人一桶清水，并在里面放一个碗，贱民们可以交替饮用水。田中正造还与这些人同用一个碗。每日工作后，他在夜里还给秽多①买慰劳酒，并与他们交换酒杯，欢快饮酒。当时信奉神佛的人认为田中正造的行为很卑贱，甚至田中正造的亲戚也不与其来往。田中正造并没有改变自己的观点，并劝说他人：贱民们和他们并没有等级差别。② 从这里可以看出，田中正造很早就产生了人人生而平等的观念，他尊重下人，与其一同劳动，这也是他日后能与民众同甘共苦，共同反对政府的环境政策的原因之一。

三 儒学思想之启迪

古语道："譬犹练丝，染之蓝则青，染之丹则赤。"③ 人在青少年时期的可塑性是很强的，因此青少年时期所接触的儒学对田中正造思想的形成和发展也是影响至深的。

丸山真男认为儒学思想是幕末时期思想的主流，④ 这是众多研究者的共识。通过对田中正造自然观的考察，小松裕在《田中正造——二十一世纪的思想人》中提出，田中正造的思维理路与孟子思想中的"天人合一"极为相似，从而确认了田中正造思想与儒学的深度关联。⑤ 此后的一些研究基本是小松裕研究的延伸，如商兆琦的《"无

---

① 贱民的一种，江户幕藩体制下，与非人同置于士、农、工、商之下，是受歧视的身份之一。
② 田中正造全集编纂会编『田中正造全集』第一卷（自伝、論稿 1），岩波書店，1977，第 295 頁。
③ 王充：《论衡》，上海人民出版社，1974，第 24 页。
④ 参见松沢弘陽、植手通有编『丸山真男集』，岩波書店，1996 - 1997，第 117 ~ 441 頁。
⑤ 参见商兆琦「田中正造の『無学』をめぐる一考察」，『新潟史学』2009 年第 2 期。

学"思想考》以田中正造的生平为切入，提出儒学教育对田中正造思想的形成产生了重要影响，因此儒学思想在田中正造思想中有不容忽视的地位。① 这些研究表明，田中正造的思想深受儒学思想的影响。而他接受儒学思想熏陶的主要途径就是在私塾学习汉学。

一直到幕末，儒学在江户幕府统治时期都是显学。幕末的日本各地都有大量的私塾提供给武士阶层的子弟，使他们识字、知礼。下野国也不例外。据《栃木县教育史》记载，下野地区在19世纪后半叶特别是幕末维新时期集中开设了"手习塾"②。这种私塾以教授汉学为主。尽管足利、佐野和鹿沼等地还有一些著名学者开设的有关汉学的私塾，但大部分私塾的教育内容是相同的。据《栃木县史》记载，这些私塾主要讲解儒家传统教材"四书五经"。③

田中正造的父亲是一个性格温厚的人，非常重视对田中正造的教育。田中正造7岁的时候拜入当时有名的汉学家赤尾小四郎④门下学习。赤尾小四郎对待学生十分严格，田中正造在回忆这段学习经历时，曾不无感慨地说："学生首先读没有句点的'四书五经'、唐诗选、古文等版本，然后进行讲解。"⑤ "安政元年，我14岁的时候，讲授过数卷汉文的可怜的赤尾小四郎老师逝世了。"⑥

在赤尾塾学习汉学的这7年时间里，田中正造熟读了"四书五经"并将其中的思想逐渐融入自己的思想中。从田中正造对儒学的相关评价可以看出，他将孔子、孟子等奉为儒学代表，将他们视为"文明之神"，并对儒家经典及政治思想给予肯定，认为儒学可让人们树

---

① 参见小松裕『田中正造：二一世纪への思想人』，筑摩书房，1995。
② 手习塾，江户时代为一般市民的子弟提供读书、道德教育的民间教育设施。
③ 栃木县史委员会编『栃木县史：通史编6（近现代1）』，栃木县，1982，第224页。
④ 赤尾小四郎，号鹭洲，日本江户时期福山藩的儒学家。田中正造7岁至16岁期间曾在其私塾（"赤尾塾"）学习。
⑤ 田中正造全集编纂会编『田中正造全集』第一卷（自传、论稿1），岩波书店，1977，第4~6页。
⑥ 田中正造全集编纂会编『田中正造全集』第一卷（自传、论稿1），岩波书店，1977，第4页。

立良好的精神品德。如他曾指出：文明之神是孔子的《论语》《春秋》《易经》和孟子的言说中所提到的道德仁义之化身，是当代文明论的具体实行者，是具体实行仁义道德的人，是与老庄的理想相似的实践者。① 他评价：孔子的学说注重精神方面的指导②，可以指导政治③。

此外，在《正造的读书经历》中，前泽敏在对田中正造少年时期的受教育情况进行考证的基础上，指出田中正造担任江刺县附属补在花轮御役所勤务一职时，曾经借阅过《孟子》。④ 据此可以推想，孟子是田中正造所崇敬的人物。可以说，田中正造的思想深受儒家思想尤其是孟子的民本思想的影响，这为他日后能与民众站在一起抗争政府的不当政策奠定了思想基础。

四 六角家骚乱之影响

田中正造所在的小中村隶属于六角家领地。文久二年，林三郎兵卫成为六角家管家。据田中正造回忆，幕末时期存在兴建土木工程时受贿的情况，且受贿金额高达总金额的三成到五成。⑤ 林三郎兵卫得知领主存有五千余两黄金后心生歹意，欲借 12 岁领主婚礼的名义兴建土木（修缮府邸）⑥，从中获取钱财。林三郎兵卫先后提出了两次兴建土木（修缮府邸）计划。第一次是在他刚任职管家不久，当时正值生麦事件兴起，财政紧张，因此遭到了田中富藏等人的反对，未能实行。

---

① 田中正造全集編纂会编『田中正造全集』第十一卷（日記 3），岩波書店，1979，第 589~590頁。

② 田中正造全集編纂会编『田中正造全集』第一卷（自伝、論稿 1），岩波書店，1977，第 4 頁。

③ 田中正造全集編纂会编『田中正造全集』第十一卷（日記 3），岩波書店，1979，第 589~590頁。

④ 田中正造全集編纂会编『田中正造全集』第二卷（『田中正造全集月報』2 号），岩波書店，前沢敏「田中正造読書経歴」。

⑤ 田中正造全集編纂会编『田中正造全集』第一卷（自伝、論稿 1），岩波書店，1977，第 11 頁。

⑥ 日语原文为"結婚普請"，"普請"是兴建土木之意，因此本书将其译成借婚礼的名义兴建土木（修缮府邸）。

林三郎兵卫对此怀恨在心，破坏名主公选制（被田中正造称为"自治的好惯例"），并离间田中富藏和领内后辈的关系，还以权谋私增加了田中富藏负责领地的缴税额。第二次是在六角广泰去世，由六角广运接替领主职位后。当时六角广运年纪尚小，林三郎兵卫趁机掌握了大权，再次提出了兴建土木（修缮府邸）的计划。尽管田中正造和父亲极力反对，但对这次的兴建土木（修缮府邸）并没有产生阻碍效果。对此，田中正造公开发表演说，强烈谴责年幼的领主六角广运，并希望其能够隐退。田中正造也因此被关押起来。1867年，除了大久保村的平塚承贞以外的名主联合起来上书六角广运，希望能恢复田中正造的职务，罢免林三郎兵卫及平塚承贞。这个要求当即遭到了六角广运的拒绝。此后，名主们向幕府请求改替领主。幕府正处于崩溃前夕，根本无暇处理这个问题。明治新政府成立之后，本着"喧哗两成败"①的原则，将林三郎兵卫、平塚承贞投入监狱，将田中正造流放，命领主六角广运隐退，史称六角家骚乱。②

关于六角家骚乱，田中正造曾回忆道："（我经商所赚取——引者注）三百两，实际上成为日后我步入社会大学的拜师费（或学费——引者注）。社会的大学是什么？即六角家骚乱也。"③ 从田中正造将六角家骚乱称为"社会大学"，可见他在六角家骚乱中得到了重要的教训和经验。这主要表现为以下几个方面。

第一，田中正造认识到在社会中民众具有主体地位，产生了为民众负责的责任感，他认为"永远维持领土内和平，拥护领土内行政上的先例"是"理所当然的职务本分"。

---

① "喧哗"是指二者发生冲突、纠纷，"成败"的意思是处罚，即当二者发生纠纷或冲突时，无论双方对错与否，都要受到惩罚，是日本封建时期的仲裁方式之一。
② 关于六角家骚乱，田中正造的口述是"六角家除奸"，日本学者在研究中使用"六角家动乱"和"六角家骚动"等词，本书统一使用"六角家骚乱"。关于六角家骚乱的经过，本书主要参照田中正造全集编纂会编『田中正造全集』第一卷（自传、论稿1），岩波书店，1977，第10~48页。
③ 田中正造全集编纂会编『田中正造全集』第一卷（自传、论稿1），岩波书店，1977，第9~10页。

这主要表现在他意识到名主公选制的重要性。据《小中村史迹》记载，"直至安永年间（1772~1780），（小中村）名主有三名，一名为佐野家，两名属于六角家。名主下设有组头①。名主的选拔以全部百姓联名的方式进行，或由拥有门第家世之人任命地头②。"③ 田中正造高度评价"以百姓联名请愿"的选任名主方式为"自治的好惯例"；并认为引发六角家骚乱的正是林三郎兵卫任命永岛藤吉为名主，破坏了传统的名主公选制一事。在田中正造看来，自治是民众的权利，林三郎兵卫改变了人事任命权，破坏了民众选举的权利。从此视角出发，田中正造在自由民权运动中发表《开设国会乃当下之急务》等文章，支持"开设国会论"，主张给予人民参政权。在反足尾矿毒运动中，当明治政府提出包庇古河市兵卫，拒绝承认矿毒问题的时候，田中正造挺身而出，他认为足尾矿毒破坏树木和村庄，侵害了民众的自治权，从而对明治政府的行为进行了激烈的批判，以保护民众生命财产。

第二，田中正造意识到在君主没有施仁政的时候，应给予"攻击"（请愿），即"攻击政府是为了帮助政府"。在林三郎兵卫破坏名主公选制，选任永岛藤吉为名主时，田中正造将林三郎兵卫的恶行上书领主，他在文书中说道："拥护领内行政上的先例是理所当然的职务本分，像林三郎兵卫这样的人不仅没有遵守先例，而且还企图破坏先例的行为，明君应速下决断。"④ 但领主六角广泰并没有采纳田中正造的意见，林三郎兵卫反而利用六角广泰成功罢免了田中正造的名主职位。为了让田中正造复职，名主们联名上书，民众们也聚集到江户屋敷请愿，最终"君主亦有所悟，遂予于复职。"⑤

---

① 组头，日本江户世代的村政府三官员之一，名主的助手。

② 地头，日本镰仓、室町幕府所设职位，由源赖朝以维持治安的名义设立于全国各地，负责逮捕盗贼，征收年供及轮流守卫皇宫与将军府等，逐渐演变为当地领主，后成为家臣。

③ 石井録郎编『小中村史蹟』，1933，第 6 頁。

④ 田中正造全集编纂会编『田中正造全集』第一卷（自伝、論稿 1），岩波書店，1977，第 16 頁。

⑤ 田中正造全集编纂会编『田中正造全集』第一卷（自伝、論稿 1），岩波書店，1977，第 17 頁。

在六角广运通过林三郎兵卫第二次提出兴建土木（修缮府邸）计划时，田中正造对六角广运已心灰意冷，公开发表演讲进行强烈谴责，并希望其能够隐退，由其他人继承六角家。

今天下形势危机、如履薄冰。然奸臣跋扈、良民疾苦，却无整改政弊，失人心归一而滥建土木、竭尽珍贵钱财，打破了以往"惯例"，且依奸臣等愿之新法如雨而降。妖云四起、风物惨淡，此乃前所未有之事。想来想去之所以造成如此悲惨境地，不得不归结于奸臣的恶行。或许有灿烂的光明，却因为奸臣的所为造成了如今局面。恕我冒昧，希望依靠各位的力量，劝说幼君隐退，推举贤明的君主，将奸党及附随他们的阿谀奉承之人逐出领地。辅佐君主、守护主家领地安若泰山是我的夙愿，也是对先主的忠心。①

可以看出，田中正造期待领主施以"仁政"，并认为如果官家有过失，那么作为臣子必须进言。此后该想法在足尾矿毒事件之际，发展成向天皇直诉这一行动。如他在当时的上诉书中写道："陛下的子民和土地都被践踏而陷入如此悲惨的境地，还不思反省，我作为臣子不能漠视。"②

第三，田中正造意识到法律在规约社会秩序中的重要性。在回忆六角家关押经历时，田中正造说道：

我当时是无知者无畏，（活在这——引者注）压制杀伐盛行时期，当时所在的幕末时期不存在让人敬仰的法律。社会混乱，

---

① 田中正造全集编纂会编『田中正造全集』第一卷（自伝、論稿 1），岩波書店，1977，第 21～22 頁。
② 田中正造全集编纂会编『田中正造全集』第一卷（自伝、論稿 1），岩波書店，1977，第 21～22 頁。

弱肉强食，生杀大权掌握在有身份（地位或者是权力——引者注)①的人手中，没有身份（地位或者是权力——引者注）的人的命运如同处于黑暗当中一样，朝夕难测。被称为君主的其实是"暗君"，被看作执权的人其实是"奸臣"。长此以往，就算勉强把愤怒抑或反抗之心压下去，但如此作为与无畏的无知者又有何区别乎？这样想来，我可以活到现在是多么的侥幸!②

六角家骚乱的关押让田中正造认识到被动地期待领主的慈悲的仁政主义是"无畏的无知者"的作为，如果不颁布一个令人"敬仰的法律"，只会让"没有身份（地位或者是权力）的人的命运如同处于黑暗当中一样，朝夕难测"。所以他对明治维新成立后所颁布的新宪法给予了很高的期望，希望新宪法可以保护民众的利益。然而，当他经历了初期议会和足尾矿毒事件，看到明治政府忽视宪法、对民众不负责任的态度后彻底失望，最终发表了"亡国"演说（即题为《关于不知亡国即为亡国之质问书》的演说，详见附录），辞去议员职务。

第二节　近代西方思想的启蒙与影响

一　西方自由民主思想之启蒙

1869 年初，田中正造从六角家监狱出狱后，因被流放而寄居在母亲的亲戚家，他一边开始偿还六角家斗争时所欠债务，一边在当地开

---

① 本论文引用史料中的括号内容大部分为笔者自加，后文将不一一赘述，原文有括号内容的将会特殊标注。
② 田中正造全集编纂会编『田中正造全集』第一卷（自伝、論稿1），岩波书店，1977，第40頁。

设私塾。在经人介绍进京求学失败后，应早川信斋邀请到江刺县担任听讼员，负责处理诉讼等方面的事务。[①] 田中正造在江刺县任职期间，亲自绘制当地的地图，考察当地的水域情况。[②] 这为足尾矿毒事件中的治理问题奠定了实践理论基础。明治四年，田中正造因被怀疑杀害上司而被捕入狱。狱中田中正造阅读了介绍西方思想文化的书籍。根据《田中正造昔话》记载，在江刺县狱中，田中正造反复朗读《西国立志编》来矫正口吃。据日本学者考证，田中正造还接触了福泽谕吉的《账合立法》和《英国议事院谈》等介绍西方政治思想书籍。[③]

《西国立志编》以列举欧美历史上三百多人的成功经历为主要内容，宣扬自立精神，鼓舞人们重视个人价值，它给予近代日本资本主义形成期间对前途迷茫的年轻人以希望。在该书"天助自助者"的感召下，无数日本青年建立起积极进取的人生观。

福泽谕吉是明治时期介绍西方文化的先驱，翻译出版了介绍西式记账法的《账合立法》和介绍英国的议会制度的《英国议事院谈》，宣扬了三权分立及议会制度等西方政治思想。

明治初期，日本思想文化界掀起了"立身出世"风潮。在此背景下，日本学者们撰写出版了介绍西方思想文化的书籍。田中正造通过阅读此类书籍，了解了自由民主思想，以及西方国家政治制度、经济组织及法律知识，拓宽了思想视野，汲取了小国主义、经济独立和自立等思想，为"真文明"思想的形成奠定了思想基础，具体表现在以下几个方面。

第一，从《账合立法》和《西国立志编》吸取了自立、独立的思想，为日后经济自治思想奠定了基础。受此影响，在自由民权运动时

① 相关内容请参见三浦顕一郎「田中正造の原初体験」，『白鴎法學』，2002；田中正造全集编纂会编『田中正造全集』第一卷（自伝、論稿1），岩波書店，1977，第55页。

② 田中正造全集编纂会编『田中正造全集』第九卷（日記1），岩波書店，1977，第5页。

③ 前泽敏考证，田中正造还阅读了福泽谕吉的《英国议事院谈》（1896年）和《账合之法》（1873年）。请参见田中正造全集编纂会编『田中正造全集』第二卷（『田中正造全集月報』2号），岩波書店，1978，前沢敏「田中正造読書経歴」。

期，田中正造主张地方经济自治，地方依靠自己的力量发展经济。

第二，吸取了对公共事业要有奉献的精神。《西国立志编》曾以亚当·斯密的《国富论》为例，说明对于公共事业要有持之以恒的耐心，公共事业的工作效果一般不会立竿见影。虽然亚当·斯密的努力在70年后才开始有显著成果，但是影响至今。① 从田中正造日后的行为活动与《西国立志编》宣扬的思想主张相似可以推断，田中正造从中吸取了公共事业奉献的精神，坚定了对公共事业奉献的决心。例如在江刺县狱中受到审判拷问的经历让他觉得："就这样我自己的生命好像都被掌握在这些人的手中，这其中的危害程度一言难尽。"② 这也让他意识到宪法的重要性，迫切希望用新接触的西方新思想改变社会现状，全心全意投入为民众谋福祉的事业中。

从田中正造写给其父亲的立志文中可以看到这一点，他写道："一、从今起不再为谋取私利的事情劳心费神。二、为了公共事业，每年花费一百二十日元（每月仅10日元），持续35年（其预算自1890年以来因为竞选的缘故有所超支）。三、将养男养女二人送予他人去接受一定的教育。"③ 田中正造原以为不会轻易得到父亲的许可，但出乎意料，父亲满脸喜悦，同意他的想法："能说出此言，表明你胸有大志，必须要实现你的理想。……即使死后不能成佛，活着的时候，做一个好人。"④ 田中正造被父亲的话所感动，斋戒三日，向神明起誓后，开始投身于政治活动。⑤ 另外，他从第二届日本议会开始着

① 斯邁爾斯（スマイルス）：『西国立志编：原名·自助論』，中村正直訳，六書房蔵版，1871，⑨快樂ノ心一日モ無ルベカラザル事。
② 田中正造全集编纂会编『田中正造全集』第一卷（自伝、論稿1），岩波書店，1977，第79頁。
③ 田中正造全集编纂会编『田中正造全集』第一卷（自伝、論稿1），岩波書店，1977，第91頁。
④ 田中正造全集编纂会编『田中正造全集』第一卷（自伝、論稿1），岩波書店，1977，第91頁。
⑤ 田中正造全集编纂会编『田中正造全集』第一卷（自伝、論稿1），岩波書店，1977，第222頁。

手关注足尾矿毒问题，虽然历经磨难却矢志不渝。田中正造死后政府才颁布公害法，但这与其生前的努力密不可分。

第三，开始关注勤俭、实践经济自立，并从中意识到宪法的重要性。《西国立志编》中指出，勤俭是保证独立的条件："要有计划地安排家务，要安排好、计划好、算计好、不能浪费。正如迪恩·斯威尔夫特所说：'我们要重视钱，但不能崇拜它。……节俭是谨慎的女儿，是自己的姐妹，是自由的母亲，是家庭幸福、社会稳定的保障。简而言之，节俭是自助的最佳形式。'"①

福泽谕吉在译著《账合立法》中宣传了经济独立的重要性，他认为个人的独立性源于经济的独立性，经济的独立可以推动国家的独立和发展。福泽谕吉教妻子在家实践记账方法，她保存家庭每月的现金账本，将其与丈夫的日常账目加在一起，与丈夫一起计算出年度总额和余额。② 田中正造出狱后在家里自制了"家政宪法"，以实践节俭。其内容如下。

　　一、借款单据贴在进餐处，与妻子铭记于心。
　　一、今后三年利用已有杂物，不轻易添购新物品。
　　一、星期天须与妻子一同休息。
　　一、金钱支出等事宜，须与家人一同商议。③

定下这一"家政宪法"后不久，田中正造一次外出回到家中时发现家里的榻榻米换成新的了，便十分生气，质问是谁干的，结果得知是他的父亲。田中止造为此感叹道："到这里我的偏执一时遇到了挫

① 斯迈尔斯（スマイルス）：『西国立志编：原名・自助論』，中村正直訳，六書房藏版，1871，⑨快楽ノ心一日モ無ルベカラザル事，⑦節俭ハ保護の用。
② 〔英〕沃纳主编《管理大师手册》，清华大学经济管理学院编译，辽宁教育出版社，2000，第 162 ~ 165 页。
③ 田中正造全集編纂会編『田中正造全集』第一卷（自伝、論稿 1），岩波書店，1977，第 88 頁。

折，父亲神圣，不能加以处罚，只能就这样不了了之了，宪法也随之中止。"① 尽管田中正造的努力失败了，但田中正造开始意识到经济独立的重要性和艰辛，这与福泽谕吉所宣传的"独立性以经济观的独立性为基础，而经济的独立可以推动国家的独立和发展"② 相一致。为此，在自由民权运动时期，田中正造主张地方经济自立，地方依靠本地资源发展经济。

第四，坚定了从政的决心，渴望改变社会现状。田中正造在江刺县狱中受到的审判拷问的经历，让他觉得："就这样我自己的生命好像都被掌握在这些人的手中，这其中的危害程度一言难尽。"③ 这也让他意识到宪法的重要性，迫切希望用新接触的西方新思想改变社会现状，准备投入政界，全心全意投入为民众谋福祉的事业中。对于此事，他叙述道：

> 如此，祖父辈的财产得以恢复如初。我认为如果是一个有普通脑力的人，是可以在做一些营利事情的同时，又能奔走于政治活动的。遗憾的是，精力有限，专心一事时，就无法再用心于其他事情。不如以一刀两断之决心，舍弃一身一家之利益，而专心于政治改良之事业。本着即使一丝私心也有损公益之理，首先偿还了姐妹的债务，变得无债一身轻。又写了一封书信呈送老父，恳请让我再次舍弃钱财而能够自由地以一己之身投入公共事业中。

最终，在父亲的支持下，田中正造坚定了从政的决心，开始投身于政治活动。

---

① 田中正造全集编纂会编『田中正造全集』第一卷（自伝、論稿1），岩波书店，1977，第310頁。
② 参见〔英〕沃纳主编《管理大师手册》，清华大学经济管理学院编译，辽宁教育出版社，2000，第162～165頁。
③ 田中正造全集编纂会编『田中正造全集』第一卷（自伝、論稿1），岩波书店，1977，第79頁。

二 基督教思想的影响

田中正造与基督教的接触，最早可追溯到前桥教会在栃木县宣传基督教时期。当时他作为栃木县会议员积极支持基督教的传教活动，并将自己的住宅设为基督教讲义所。《上毛教界月报》[①] 对小中村的基督教传教情况曾做过如下报道：

> 佐野方面，夏天毕业于京都福音学馆的冈本丑熊设立了传教所，最近教势仍有望增加，在小中村的代议士田中正造氏的赞同下，在其住宅设立了"基督教讲义所"，每周四进行演说传教，信徒渐渐增加。[②]

> 据小林氏报道，7月以来冈本丑熊君的夏期传教已初见成果，小中村的石井青木夫人等人渴望接受洗礼。[③]

> 田中代议士（田中正造——引者注）在明治二十三年开始传教，此次又与冈本氏（冈本丑熊——引者注）、小生（小林——引者注）以及之外的两个人一起彻夜交谈。[④]

在日本帝国议会开设后，田中正造因在川俣事件审判中打哈欠而触犯侮辱官吏罪，被判入狱40日。狱中，田中正造阅读了木下尚江送来的《新约圣书》。[⑤] 虽然田中正造未曾进行过基督教的洗礼仪式，并

---

① 《上毛教界月报》为安中教会牧师柏木义圆到任后开始发行的具有基督教性质的报刊，详细记录安中教会派生的各教会的传教情况以及时事评论等内容。该报刊行于1898年11月，1936年停刊，每月刊行一期，共计发行38年。
② 柏木義円：「佐野教勢」，『上毛教界月報』1900年9月24日。
③ 柏木義円：「佐野教勢」，『上毛教界月報』1900年11月15日。
④ 柏木義円：「佐野教勢」，『上毛教界月報』1900年11月15日。
⑤ 此事件亦称为"打哈欠事件"（发生于明治35年6月）。具体内容请参见田中正造全集编纂会编『田中正造全集』第十五卷（書簡2），岩波書店，1978，第443頁。

非真正意义上的基督教徒，但他不仅参加基督教徒在小中村的传教活动，还曾通过非正统方式合理解读了基督教著作，并用基督教思想指导晚年的实践活动。[①] 直至他逝世，身边还留有《新约圣书》。[②] 纵观田中正造一生，可以说基督教对其和平思想的形成和指导实践两方面具有重要的作用。

在基督教好友的影响方面。如上所述，田中正造在担任栃木县会议员的时候，积极支持基督教的传教活动，结识了柏木圆义等基督教好友。在解决足尾矿毒问题时还结识了内村鉴三、木下尚江等基督教好友，这些基督教好友也对其思想有着深刻影响，对此他曾回忆道：

> 因为接触基督教的时间不长，所以对其了解不够充分。即使了解充分，如果简单地去解释的话也难免没有误解。……在我还没有看圣书的时候，我的朋友教我基督教的至理名言，我当时对它兴趣并不多。然我友（基督教友人——引者注）岛田、严本、三好、津田、松村、内村、新井、安部、石川、木下、逸见、和田、本田（多）、潮田、矢品、佐藤（教会我很多与基督教相关的事情——引者注）。[③]

在众多基督教好友中，对田中正造"真文明"思想影响较大的是

---

① 关于田中正造与基督教的相关内容，请参见栗林辉夫「見よ，神は谷中にあり（上）：田中正造の解放神学」，『関西学院大学キリスト教学研究』1999年第3期。大竹庸悦『内村鑑三と田中正造』，流通経済大学出版会，2002，第50~69頁。竹中正夫「日本組合基督教会の歴史と課題－その100年にあたって－」，『基督教研究』1987年第3期。山極圭司「木下尚江と田中正造」，『文学』1979年第4期。
② 逝世时身边的遗物仅有斗笠、三本日记、岛田宗三代笔的手稿和一个口袋，袋中装有记事本和《新约圣书》。相关详细内容请参见木下尚江『田中正造翁』，新潮社，1921，第198頁。
③ 田中正造全集編纂会編『田中正造全集』第十一卷（日记3），岩波書店，1979，第338頁。

柏木义圆、木下尚江、内村鉴三和新井奥邃，他们促进了田中正造和平思想的形成。

柏木义圆是安中教会牧师，《上毛教界月报》主编。《上毛教界月报》是以安中地区为中心发行的具有传教性质的报纸，是上毛、西毛基督教会的交流媒介之一，据推算发行量为 600~1000。该报读者群体不仅有基督教徒，还有社会主义者，以及柏木义圆的一些友人。① 该报以介绍教会的传教情况和时事评论为主要内容，不仅刊载有关足尾矿毒问题的相关报道、评论文章，还转载一些来源于《平民新闻》《圣书的研究》《福音新闻》等的文章。内村鉴三、木下尚江、幸德秋水、吉野作造等先进知识分子的文章都曾被该报纸转载，主编柏木义圆还会在转载的基础上，对这些文章进行评论。据此笔者推断，当时身为栃木县议员、支持小中村基督教宣传的田中正造也应读过。另外，日本学者通过解读柏木义圆生前活动资料推断："柏木义圆通过足尾矿毒事件和日俄战争，与木下尚江、田中正造加深了友情。"② 虽然笔者并没有掌握直接提及田中正造和柏木义圆相识的资料，但是通过以上两面可以推断田中正造与柏木义圆相识，并受其思想影响。

《每日新闻》的木下尚江和《万朝报》的内村鉴三等基督教徒记者，他们从不同角度对足尾矿毒问题进行了相关报道，唤起了世人对该问题的关注。《每日新闻》曾是宣传矿毒问题的主要媒介，记者木下尚江是田中正造的挚友，著有"田中正造三部曲"。在田中正造临终前，木下尚江陪伴在他身边。在田中正造谢绝会客时，木下尚江作为看护主任留守在田中正造身边。《万朝报》的内村鉴三是足尾矿毒调查会有志会委员，他曾在 1901 年 6 月 21 至 28 日期间考察足尾矿毒被害地区工作，并与田中正造相识。他还曾调查栃木、群马、埼玉三

---

① 伊谷隆一编『柏木義円集』第二卷，未来社，1972，第 483 頁。
② 伊谷隆一编『柏木義円集』第二卷，未来社，1972，第 483 頁。

县的灾情，并在《万朝报》发表了考察游记。^① 在1902年足尾矿毒问题加深时，田中正造也曾带领内村鉴三等人前往受灾地，查看灾情。^② 日本政府下令强制收购谷中村时，田中正造还曾向内村鉴三递陈情信。^③

明治时期，日本的一些基督教徒从基督教义出发，持和平思想。在此背景下，虽然柏木义圆、木下尚江和内村鉴三三者和平思想具有差异，但他们均为非战论者。柏木义圆从组合教会的福音主义出发，将"博爱传道"^④ 理解为达成和平的途径之一；并从此视角出发，将和平思想理解为"统一是世界人类的本愿，即天意。兵力上的统一、外部的统一并非真诚的统一，只是达成统一的一个阶段"^⑤。在日俄战争时期，柏木义圆曾发表《战争与和平》《再论战战争与和平》等文章，是"非战论"的主张者。另外，在日本组合教会向朝鲜传教时，柏木义圆还认识到日本组合教会在朝鲜的传教活动不是纯粹传播福音主义，而是朝鲜总督府"皇民化政策"的工具。在1914年4月15日《上毛教界月报》中他批判道：基督教的传教目的是传播福音，使人悔改成为神之子，但是若传播福音是为了给帝国主义提供方便的话，一定会受到排斥。^⑥ 可以说，柏木义圆作为安苏郡地区组合教会的牧师，其和平思想是从福音主义出发，具有"普度众生"的意味。也正因为过度坚持福音主义（即在思想上传播和平思想），其思想忽视对实践的指导，现实成果并不显著。

---

① 田中正造全集编纂会编『田中正造全集』第十五卷（書簡2），岩波書店，1978，第280～283頁。

② 田中正造全集编纂会编『田中正造全集』第十五卷（書簡2），岩波書店，1978，第540頁。

③ 田中正造全集编纂会编『田中正造全集』第三卷（論稿3），岩波書店，1978，第290頁。

④ 他认为达到和平有两种途径："优胜劣败，博爱传道。"请参见伊谷隆一编『柏木義円集』第一卷，未来社，1970，第60頁。

⑤ 伊谷隆一编『柏木義円集』第一卷，未来社，1970，第90頁。

⑥ 伊谷隆一编『柏木義円集』第一卷，未来社，1970，第314頁。

木下尚江①是"非战论"者，反对日本发动日俄战争和侵略中国。在此基础上形成的其和平思想包含"爱国心"的内容，具有宗教性质，正如他在 1902 年 6 月 26 日致白柳信中所描述的，"神是我们的父亲，人类皆兄弟"这个思想是"依靠忍受民族苦恼的少年才是解放的福音"②。他认为基于解决"民族问题"的基督教信仰，必须将日本国民从集中的、排他的民族意识中解放出来。此外，木下尚江还主张宗教改革，认为应该反省侵犯他人或他国的行为。木下尚江对田中正造晚年的基督教信仰给予了高度评价："田中正造为矿毒问题奔走也是驱除恶魔的行为，但是在他看过《圣经》后，感受到基督的光辉后发现'其本身也是恶魔'。"③

内村鉴三是日本近代史上最著名的基督教指导者、和平思想家。曾发表《告战争论者》、《战时非战主义者的态度》、《战争废止论》和《我日本的理想》等宣传和平思想的文章，并在甲午中日战争后与幸德秋水、内村鉴三、堺利彦等人组建了"理想团"，呼吁和平。④

此外，新井奥邃对田中正造和平思想的形成也具有深刻影响。新井奥邃与田中正造相识于 1901 年，他不仅帮助田中正造加深了对基督教义的理解，而且在足尾矿毒方面给予田中正造很大帮助。在直诉事件后，新井奥邃介绍律师中村秋三郎给田中正造，为其提供了及时的法律援助；还向《日本人》投稿《观其过知其仁》，给予田中正造舆论方面的帮助。可以说，新井奥邃对田中正造产生了"革命性"的影响。据田中正造的助手黑泽西藏回忆：

---

① 清水靖久是木下尚江相关研究的集大成者，参与编著《木下尚江集》，并著有《野生的信徒木下尚江》等关于木下尚江的研究。本书有关木下尚江的研究主要参照清水靖久的《野生的信徒木下尚江》。

② 转引自清水靖久『野生的信徒木下尚江』，九州大学出版会，2002，第 90 页。

③ 转引自清水靖久『野生的信徒木下尚江』，九州大学出版会，2002，第 376 页。

④ 山室信一：《宪法九条：非战思想的水脉与脆弱的和平》，许仁硕译，八旗文化、远足文化，2017，第 156 ~ 179 页。

新井奥邃对田中正造思想产生了"革命性"的影响，使田中正造改变了性格和人生观。"新井先生可谓是田中正造思想的灵魂师匠。"①

新井先生对这个世界的事物无所不知，被称为巢鸭圣人，他在巢鸭建庵，像仙人一样生活着。新井先生还非常同情因足尾矿毒问题而受难的民众，是田中正造的支持者。所以，田中正造时常去新井的庵听圣书讲义。我也一起去了几次……②

在新井奥邃的讲义所 5 年后，田中正造开始反省自己的圣书观，他认为自己之前圣书观是有误的，不应该只读圣书，而应该实践教义。③ 值得关注的是，田中正造在入住谷中村与民众一起生活后，更深刻地理解了基督教中的有关和平思想的教义。在去新井奥邃的讲义所之前，田中正造主要通过小中村的基督教讲义和几位基督教徒好友的熏陶间接接触基督教。田中正造曾一度对于"爱你们的仇敌"这一基督教教义产生困惑："基督教有许多教义，让我普爱众生。但其中让我爱杀我的人这点使我不可理解。"④ 为此，这期间他不仅支持日本扩张军备，还主张用暴力手段进行武力反对政府（如川俣事件）。而在新井奥邃的讲义所学习基督教义后，田中正造才理解了"爱你们的仇敌"中所体现出的和平思想⑤，于是他不仅反对日本对外扩张、发

---

① 田中正造全集编纂会编『田中正造全集』第十五卷（『田中正造全集月报』11 号），岩波书店，1978，林竹二「田中正造と新井奥邃」第 1 頁。

② 田中正造全集编纂会编『田中正造全集』第十五卷（『田中正造全集月报』11 号），岩波书店，1978，林竹二「田中正造と新井奥邃」第 1 頁。

③ 田中正造全集编纂会编『田中正造全集』第十五卷（『田中正造全集月报』11 号），岩波书店，1978，林竹二「田中正造と新井奥邃」第 4 頁。

④ 田中正造全集编纂会编『田中正造全集』第十五卷（書簡 2），岩波书店，1978，第 198~199 頁。

⑤ 基督教体现的和平主义并非绝对和平主义，参见本书第四章和平思想部分，此处将不赘述。

动日俄战争，提出了"废除海陆军备论"，还主张用非暴力手段进行反对废除谷中村运动。

在应用《圣经》中的基督教义指导实践方面。田中正造首次直接接触《圣经》是在1902年7月巢鸭监狱在押期间。[①] 接触《圣经》前[②]，田中正造认为基督教缺乏对实践的指导性。他曾将基督教的"神"解读为"应该解救更多的人"[③]。基督教的福音主义在他看来只重视精神庇护，缺少对民众实践的指导。[④] 他指出：神（基督教思想或基督教义）并没有对实践起到指导的作用，在通往神之路的道路上布满荆棘、步履艰辛，领会"神之精神"也异常艰难，人们很难找到"神之路"的方法。[⑤] 从此视角出发，他进而认为，"基督教只是残忍地给予人们希望"，"只是谋划救助（民众——引者注），没有将此想法救助付诸行动，是利欲利己的宗教"。[⑥] 接触《圣经》后，田中正造将基督教评价为将真理付诸实践的宗教，并对基督教给予了高度评价[⑦]。他认为基督教重视理论，但"皆有一些显现在表层，深层内涵存在着很多让人不解之处"[⑧]。在谷中村期间，田中正造不仅将基督

① 田中正造全集编纂会编『田中正造全集』第十五卷（書簡2），岩波書店，1978，第444～446、471～473頁。

② 主要是指田中正造担任议员期间，在小中村前桥教会等，该教会具有组合教性质，主要深化福音主义、传授救赎思想。关于此部分内容，请参见工藤英一「田中正造周辺のキリスト教徒」，『田中正造の世界』，1986。

③ 田中正造全集编纂会编『田中正造全集』第十五卷（書簡2），岩波書店，1978，第200～203頁。

④ 川俣事件后，反足尾矿毒运动陷入低谷，田中正造为唤起舆论的深层关注而四处奔走。在此背景下，笔者认为田中正造对当局者解决足尾矿毒问题态度的失望以及在解决足尾矿毒问题时的无助，对他的基督教思想产生了消极影响。

⑤ 田中正造全集编纂会编『田中正造全集』第十五卷（書簡2），岩波書店，1978，第200～203頁。

⑥ 田中正造全集编纂会编『田中正造全集』第十五卷（書簡2），岩波書店，1978，第200～203頁。

⑦ 田中正造对基督教乃至基督教义理解的转变，并非一天形成，这其中也包含其受新井奥邃的影响。

⑧ 田中正造全集编纂会编『田中正造全集』第十五卷（書簡2），岩波書店，1978，第352頁。

教作为精神支柱，还深化理解基督教义，用以指导反对废除谷中村运动。这看似矛盾的观点，实则与其经历有着密切的关系。田中正造对基督教消极评价之时正是川俣事件发生后，当时反足尾矿毒运动陷入低谷时期，而当局者解决足尾矿毒问题态度以及田中正造在解决足尾矿毒问题时的艰辛，让他感到失望和无助。他为唤起舆论的深层关注而四处奔走，渴望基督教不仅能救赎其心灵，更希望可以借助基督教让更多的民众关注足尾铜矿问题。

小　结

综上所述，青年时期的田中正造生活在幕末传统文化氛围中，受下野地区的民风及儒家教育的影响，认为人不分等级，没有尊卑的差别，这也与富士讲信仰所提倡的"众生平等"思想相吻合。孟子思想中德义观的影响和担任名主的经历，使田中正造在六角家骚乱中形成了"守护人民权利"的政治意识。江刺县狱中，田中正造开始接触西方思想。在阅读大量西方政治、经济著作之后，田中正造的平等思想不再是传统的、流于表面的平等，而是带有鲜明的西方特色，脱离了早年在富士讲信仰影响下的平等思想，转而宣传西方的平等思想。晚年田中正造入住谷中村，在与村民共同进行反对废除谷中村运动的过程中深化了对基督教思想的理解，汲取了基督教的非暴力思想（和平思想）、福音主义等多方面营养。可以说，田中正造正是受到幕末传统思想的熏陶和明治变革思想（西方思想或近代思想）的影响，才能够提出他自己的"真文明"思想。

第二章 草根民主主义

——田中正造"真文明"思想之民主思想

　　民主思想是田中正造"真文明"思想的重要组成部分之一，其内容主要包含人民有参与国事的权利、政府有在宪法下维护人民权利的责任与地方自治这三方面内容。田中正造在接触《西国立志编》等西方思想文化后，立志从政，他以参加区议会为开端投身于自由民权运动中。他积极宣扬民权论，主张开设国会、赋予民众参政的权利，还积极参加政党结社活动，创办了中节社，加入了立宪改进党。日本帝国议会成立后，田中正造作为众议院议员投身于宪政活动。他主张建立责任内阁，以宪法保障人民权利。最终，田中正造因足尾矿毒问题而对政府失望，发表了《关于不知亡国即为亡国之质问书》，向天皇进行了直诉，并开始从地方自治的视角出发，与谷中村民众一起反对将谷中村变蓄水池的提案。本章将从主要活动、内容和系谱三方面对田中正造的民主思想与活动进行考察，并在此基础上论述其特点和影响。

第一节 田中正造与自由民权运动

　　明治维新后，日本国内仍保留着封建剥削方式，明治政府实施的土地制度和地税改革使农民负担沉重。士族受身份制度和封建俸禄改革影响，生活困难，甚至沦为被统治阶级。① 出身于富农之家的田中正造，在江刺县狱中接触到西方自由平等的思想，拓宽了视野，加深了对社会现状的认知度。他面对负债累累的民众，结合自己在江刺县监狱经历的不公正遭遇，发出感慨："当今国家的形势是，如果不是处于上层社会就没有民权。不处于上层社会就没有自由，不处于上层社会就难以成事。呜呼，农民中进入上层的人少之又少。偶尔出现的身处田间的上层君子，就成为我们希望之所在。"② 在此认识下，田中正造渴望改变民众和社会现状，并向父亲表明了"献身公共事业"的从政决心。他利用明治政府发行预备纸币填补西南战争军费的机遇，买卖田地获益三千余元，决定将其作为资金专心于政治，积极投身于"自由民权运动"。③

"自由民权运动"爆发于19世纪70~80年代，是一场以要求开设国会制定宪法、减轻地租、修改不平等条约、确立地方自治等为主要内容的全国性政治运动。④ 该运动爆发后，日本政府深感恐惧，于1875年6月28日，制定《新闻纸条例》和《谗谤律》，限制民权家们的言论，禁止民权家批评政府官员等。1878年6月1日，《栃木新闻》创刊，宣传民权思想，但受两项法案的影响，出版37号后被迫停刊。经田中正造等人努力，终于在同年8月复刊。田中正造担任主编，继续宣传民权思想。停刊的经历和主编的工作让田中正造深刻认知到只有加入国会才能更好地改变社会现状。终于，1880年田中正造作为栃木县议员开始进入政界。从政后的田中正造积极参与县政工作，1884年当选县会常务委员，1886年当选为县会议长。与此同时，田中正造与全国的自由民权家一起积极推进开设国会运动。他曾先后担任《栃

---

① 吴廷璆：《日本史》，南开大学出版社，1994，第420~422页。
② 田中正造全集编纂会编『田中正造全集』第十四卷（書簡1），岩波书店，1978，第14页。
③ 田中正造全集编纂会编『田中正造全集』第一卷（自传、21），岩波书店，1977，第90~92、305页。
④ 王振锁、徐万胜：《日本近现代政治史》，世界知识出版社，2010，第51页。

木新闻》主编①、安苏郡结合会（中节社）会长、栃木县会议员等职务，积极宣扬民主思想，以唤醒民众的政治觉醒。

"自由民权运动"中，民权家们进呈设立民选议院的建议书，提出了"开设国会、减轻地税、修改条约"三大纲领，并成立了三个不同纲领的政党，将自由民权运动推向高潮。② 其中，1879 年 7 月千叶县议员樱井静提出了《国会开设恳请协议议案》，在日本全国民权家中引起了强烈反响。③ 田中正造当时任《栃木新闻》主编，他以该报为基地，顺应当时的潮流，宣传民权思想。该报以田中正造发表的《设立国会是当下要务》为开端，不断刊载关于开设国会的文章。

1880 年 8 月 23 日，民权派在栃木县创建了安苏郡结合会④。田中正造在结合会的第一届集会中当选为会长。此后，他发表了《告栃木县下同志会诸君书》，指出了国内外的危机现状，呼吁救国之道（即开设国会）。在第三届集会上，田中正造被选为起草者，撰写了《开设国会建议书》⑤，并在第二届国会期成同盟会期间提交。在田中正造的努力下，安苏郡出现了 19 个民权结社组织，是该县九郡中当时结社最多的。⑥

在开设国会之前，作为民权派直接和政府联系的纽带，田中正造在与专制政府对峙、推进斗争方面发挥着重要的作用。初期县会议员

---

① 《栃木新闻》创刊于 1878 年 6 月 1 日，11 月出版了 37 号后停刊，次年 8 月 2 日复刊。社长仍然是齐藤清澄，中田良夫任干事，田中正造则担任主编。后因担任县会议员，田中正造于 1880 年 2 月 5 日辞去主编职务。1882 年 9 月 8 日《栃木新闻》和《足利新闻》合并，1884 年 3 月 7 日改名为《下野新闻》。参见田中正造全集编纂会编『田中正造全集』第一卷（自伝、論稿 1），岩波书店，1977，第 326 頁。

② 吴廷璆：《日本史》，南开大学出版社，1994，第 425~427 页。

③ 山井正臣：『田中正造』，岩波书店，1984，第 50 頁。

④ 在第三次集会中，该社改名为中节社。该结合会隶属于下毛结合会，在栃木县的国会开设运动中起着重要作用。关于中节社在自由民权运动中的重要作用，详细内容请参见渡边隆喜「下野中節社と自由民権運動（特集・民衆の運動）」，『駿台史学』1973 年第 2 期。

⑤ 内容与《设立国会是当下之急务》主张内容相似，此处将不赘述。

⑥ 栃木县史委员会编『栃木県史：通史編 6（近现代 1）』，栃木县，1982，第 132 頁。

大多由户长以及地方上有权之人推荐选出。田中正造青少年时期担任名主等经历让他在小中村具有一定的声望，他从1880年开始连续十年当选栃木县会议员，在组织民众发起民权运动方面起着重要作用，成为县会中具有代表性的民权家。

在1881年7月26日的《东京横滨每日新闻》社论揭露了开拓使出售官有资产问题后，政府内部围绕宪法问题的分裂进一步深化，自由民权运动进一步活跃起来。面对自由民权运动的活跃，明治政府迫于社会的压力赞成立宪政治。天皇在1881年10月颁布了于1890年开设民选议院以及制定宪法的诏书。此诏书的颁布引发各种政治势力的分化组合，出现了自由党、立宪改进党和立宪帝政党这三个不同纲领的政党。三个政党虽然都主张发展民主思想，但是在革命目标、政党纲领方面存在着相异之处。[①]

1881年10月18日，日本最早的政党——自由党成立。板垣退助当选为该党总理。其成员主要是中下地主、富农、非特权工商业者、士族出身的激进知识分子、城市小资产阶级等。而后，1881年11月立宪改进党成立，将本部设在大阪。该党主张实施立宪君主政体，要求实行限制选举、两院制和政党内阁制。其成员包括城市的工商业者、地方的大地主、知识分子和三菱财团成员等。立宪改进党与自由党相比更稳健，其成员主要来源于东洋议政会、嘤鸣社《东横每日》、以小野梓为中心的鸥渡会、大隈重信及其部下（河野敏镰、前岛密、牟田口元等人）以及不愿加入自由党的一些人士。田中正造即属于最后一种，他们不赞同对爱国社所采取的一些行动方式，因此不愿加入自由党。[②] 究其原因田中正造曾做过如下回忆：

> 我于去年九月十七日，就严禁发行《自由报》一事，向中

---

① 吴廷璆：《日本史》，南开大学出版社，1994，第430页。
② 稲田雅洋：『自由民権運動の系譜：近代日本の言論の力』，吉川弘文館，2009，第120頁。

岛信行提出了抗议，怒斥了这一行径。同年十一月十五日，板垣先生因不许其担任社长一事，与该人进行了面谈，进行了激烈的反驳。现在该报社职员已经全部离开了报社，人们才开始领悟将东京都内的学士以及各报社采取合并，才是一党执政的上上之策。去年九月十七日我对此进行过严厉的痛斥，我持有不同意见的原因正如大家如今看到的结果一样，现在的状态令人失望，甚至不得不说即便当时克制了，也是愚蠢的。与其借此到别的地方去发行报纸，莫如在东京将一家大型报社收入我党，据此宣传城乡友好发展的思想，以期在立足之地组建一个大的政党。①

十月十七日，后藤象次郎等五十九人在东京枕桥八百松楼举行宴会，我也出席了此会。当天，板垣的忠实崇拜者内藤鲁一向众人提出了东京与地方分离之主张。我阐述了该主张的不当之处，并做了关于在公共利益中可以取长补短、脑力体力并存之理由的演讲。当时，由于内藤的主张是不可行的，没得到众人的支持，而我的发言却赢得了极大的喝彩。于是，在第二天，召开了自由党的组织会。我在昨天的演讲中赢得了大家的喝彩，因此，我高兴地出席了这次会议。我本以为这次会议能证实我的主张，但出乎意料的是，结果却如后藤在演讲中所提到的那样，在此声明了东京与地方分离的主张。②

通过上述史料可以看出，田中正造将自由民权运动中没有实现统一政党归结为自由党的过失，他反对板垣退助"地方分离中央"的主

<hr />

① 田中正造全集编纂会编『田中正造全集』第一卷（自伝、論稿 1），岩波書店，1977，第 438 頁。
② 田中正造全集编纂会编『田中正造全集』第一卷（自伝、論稿 1），岩波書店，1977，第 439 頁。

张，认为这是有损公共利益、分散自由民权运动力量之举。此外，田中正造认为板垣退助没有发行约定的报纸，是背信弃义的行为。这是田中正造不愿加入自由党的原因。

田中正造于1882年加入立宪改进党，作为政党政治家，始终保持与党派步伐一致。在加入立宪改进党后，田中正造的民主活动主要表现为以下三方面。

第一，田中正造认为自由党已经在民众间失去信任，呼吁立宪改进党员应以此为戒，加强地方的党内建设。他指出：

> 如今改进党获得了极大的社会信任。无疑您已经相当尽力了，然而，一旦板垣的信誉丧失，也就是说，大众对改进党抱有怀疑态度的倾向也并非不会出现。更何况，连板垣也不得不为自己的这一失策而发表对改进党的言论，今后改进党党员应闭门反省，正处于须加深社会民众信任度的关键时刻。以往的改进党在地方民众的信任度上，总有输于自由党几分的地方。而今，正如由于板垣一人的一朝失策而给该党造成普遍影响似的，这并不是主义的集合体，而是由于神佛信仰主义即从人性出发，而招致了今天该党的极难困境。我们都应当知道，今天的人民缺乏政治思想。[1]

第二，批判开拓使出售官有资产问题。田中正造认为这种行为严重违反了公正使用税金的原则，是营私舞弊的行为，指出"倘若袖手旁观北海道低价出售一事，就是人民的耻辱，获取税金的义务也将不复存在"[2]。

---

[1] 田中正造全集编纂会编『田中正造全集』第一卷（自伝、論稿1），岩波書店，1977，第438頁。

[2] 田中正造全集编纂会编『田中正造全集』第十四卷（書簡1），岩波書店，1978，第67頁。

第三，田中正造在组织民众参加自由民权运动中认识到了组建统一政党的重要性，主张结束政党林立的局面，统一政党推动国会开设的进程。虽然最终其统一政党的愿望未能实现，但田中正造本人于1882年12月18日与以栃木县会议员为首的村中名望家族17人一起加入了立宪改进党。①

　　1882年明治政府开始采取财政紧缩政策，造成大米价格暴跌，农民贫困、分化现象日益突出。在此背景下，民权家领导农民进行了多起反政府的暴力斗争。1882年11月，为抗议福岛县知事三岛通庸为修筑铁路而征收沉重的赋税，民权家领导数千名农民进行抗议活动，最终遭到政府镇压，多名民权家被判刑，史称"福岛事件"。② 田中正造所在的栃木县也受到了此事件的影响。1883年，藤川为亲担任栃木县县令，他借鉴三岛通庸在福岛实施的土木政策，向县会提出支付巨额地方税的计划，并要求修路所经沿线的居民捐款和义务劳役。此计划虽然遭到了田中正造等县会议员的极力反对，但最终县会强行通过了。三岛通庸担任栃木县县令后，继续沿用在福岛的土木工程政策，提出让民众捐款和义务劳役的政策。严酷的专制最终引起了民众的不满，8月爆发了乙女事件。此后，田中正造开始收集三岛通庸专制的证据，准备进京为民众申诉。与此同时，三岛通庸并没有收敛暴行，他擅自变更工程，导致经费不足，然后向县会提出新预算计划。1884年9月23日"加波山事件"爆发后，关东各地300名自由党员被抓捕，三岛通庸趁机逮捕了一直和自己对抗的田中正造。最终，田中正造也被警视厅认为与"加波山事件"有关而被拘留79天。③

---

① 安在邦夫：『立憲改進党の活動と思想』，校倉書房，1992，第111頁。

② 吴廷璆：《日本史》，南开大学出版社，1994，第432～433页。

③ 田中正造全集編纂会编『田中正造全集』第一卷（自伝、論稿1），岩波書店，1977，第87～159頁。

第二节　田中正造与日本帝国议会（1890~1902）

《大日本帝国宪法》中三权分立的不彻底，使天皇具有至高无上的地位，导致初期议会"以君主为机轴"，毫无实权，形同虚设，藩阀和民党之间斗争不断。① 政府虽然认识到在制定宪法、召开议会的过程中，政党的存在和发展是不可缺少的，但在初期议会中，政府仍坚持藐视议会的"超然主义"的基本方针，② 与在议会中占多数席位的民党进行激烈抗争。

从第一届帝国议会选举开始，田中正造在初期议会的选举战中以绝对优势获胜，当选众议院议员。在第二届众议院议员选举中，田中正造在选票战中以压倒性优势获得了九成以上的支持率，受到选民的拥护。这是因为：一方面，田中正造在自由民权运动培育立宪改进党员的过程中担任县会议员、常务委员与县会议长，丰富了其政治履历。另一方面，足尾铜山矿毒问题的危害在这个时期急剧显现，也使田中正造一直保持其农民立场并参与一系列民主活动。③

田中正造从 1890 年 7 月第一届众议院议员总选举中当选，至 1901 年 10 月 23 日辞去议员职务为止的十余年时间里，连续担任众议院议员，第一届议会、第五届议会的惩罚委员和第七届议会的预算委员等职务。

根据帝国议会的《议院法》第四十八条和第四十九条规定："两议院议员对于政府的质问要有三十人以上的赞成者方可进行。质问要

① 孙放在《浅谈明治宪法与日本军国主义》中认为，三权分立的不彻底最终导致了日本军国主义。
② 信夫清三郎：『明治政治史』，弘文堂，1950，第 37 页。
③ 田中正造全集编纂会编『田中正造全集』第一卷（自伝、論稿 1），岩波书店，1977，第 566 页。

简洁明了，质问书和赞成者要共同署名后，方可向议会长提出。""质问书由议会长转送给政府，国务大臣可直接进行答辩，如不能当场答辩的，要说明日期和理由。"田中正造作为众议院议员，充分发挥了质问权，极大地运用了帝国议会的权限。从第一届到第九届议会，他共向政府提交31件质问书，相当于此期间质问书总数的七分之一。如此发挥议员的质问权，可以说充分显现田中正造身为议员的监督意识。①

众所周知，田中正造在第二届帝国议会中提出足尾矿毒问题后致力于追责政府的活动（相关内容请参见本书第三章及第四章）。值得关注的是，除足尾矿毒问题外，田中正造作为民党议员还批判政商特权勾结等不正行为。田中正造以第二届帝国议会的"政府低价出售国营企业给予私营"问题为重点，批判政府的不法行为。他在议会中斥责政府的奇言奇行，在当时受到了新闻媒体的关注。因为在议会中的"奇异光彩"，他被冠上"栃镇""田正"等外号。也因为以上举动，田中正造与同时期的井上角五郎、星亨、岛田三郎一起被称为"初期议会的名男"。② 其批判内容具体表现在以下几个方面。

第一，从对议会中"官业下放"政策的质疑出发，指责政府漠视公共事业问题。针对藩阀政府和政商间的"不正行为"，田中正造从公共角度提出了质疑。田中正造在向政府提出的质问书中指出，政府支持经济的发展，削减经费帮助私人企业，官员不能利用自己的职权谋求私利，而且不能削减足尾矿毒问题等公共事业的经费。田中正造在给川俣久平的信中曾写道："反对的人即使占少数也是'敌人'，利己的人不是'敌人'，是公共上的敌人，是个人利己主义的敌人。"③

---

① 田中正造全集编纂会编『田中正造全集』第七卷（日记1），岩波书店，1978，第69～570页。

② 田中正造全集编纂会编『田中正造全集』第七卷（日记1），岩波书店，1978，第559～570页。

③ 田中正造全集编纂会编『田中正造全集』第九卷（日记1），岩波书店，1977，第265页。

早在第一届议会后，田中正造就开始关注公共事业问题。田中正造在9月的记事本中指出"政谈演说不是别的东西，事业费都是政费。事业的缓急和公共的事物皆是政治"。① 由此可见，在关系人民切身相关的公共事业问题上，田中正造比政府更关注人民的利益。

第二，充分发挥议员的职能，批判藩阀政府的越权行为。众所周知，议会享有立法权和监督政府的权力，在野党有权批判和监督执政党的政策和措施，对政府的施政起不同程度的制约作用。议会中众议院具有财政和行政的监督权。政府以及阁员要对议会负责，当议会不支持政府的施政方针时，政府就得辞职。政府的存废以议会为基础。

田中正造充分发挥了众议院议员监督政府的职责。如上述在日本帝国议会的初期议会期间，藩阀政府为了顺利通过众议院中民党审议海军军备预算案，不惜以暴力手段加以恐吓。松方内阁的行为就是其代表。松方内阁主张对民党应采取强硬的干涉手段，扬言利用政治手段杀人是了不起的行为。在第三届和第四届日本帝国议会预算案审议期间高田早苗被害，大隈重信和河业敏镰在选举中甚至收到装有炸药的邮包。田中正造对政府的这一行为表示斥责，在他看来这不仅仅是政府不尽职的表现，更是失德的政治行为。他指出："负天下之人，不会对他杀了天下人而有愧于心。那么，因政治而杀人之人，还会因为政治而有什么不能做的事吗？"② 山县有朋则在第一届日本帝国议会中，从应对严酷的安全环境、保卫日本国家独立自主的观点出发，发表了以捍卫"主权线与利益线"③ 为主题的施政演说，并提出增加军事费用的提案，促使议会通过巨额的预算案，以满足自己所代表的军

---

① 田中正造全集编纂会编『田中正造全集』第九卷（日記1），岩波书店，1977，第274页。

② 田中正造全集编纂会编『田中正造全集』第七卷（日記1），岩波书店，1978，第164页。

③ "第一，守卫主权线；其二，保护利益线。主权线，指国之疆域；利益线，指与主权线的安危密切相关的地区。要保卫国家的利益线，实现国家的完全独立，绝非一朝一夕所能做到，必须积寸成尺渐次培养国力。"详细内容请参见大山梓『山县有朋意见書』，原书房，1966，第203～204页。

方利益，为发动战争做准备。对此，民党以"休养民力，节减政费"为口号，以削减军事费为中心，提出了约削减预算总额 10.6% 的修正案。预算委员长大江卓（自由党）以时间不充分为理由，未能在规定的 15 日内完成对预算案的审查。田中正造将大江卓的上述行为视为不尽其职的"玩弄议会"的行为①，并对预算委员的搪塞提出了质疑，认为这是藐视议会，违反议事规则（第五十六条）行为。②

　　另外，田中正造从颁布宪法开始就崇尚宪法，他认为宪法具有普遍性，对全体国民都有效力，即使是议长也要遵守宪法下的议会法则。他主张议员有义务对国家和人民负责，但不能超出法律范围，虽然法律保护议员行使其职责，但对于"越权"行为也要予以相应的惩处。田中正造还认为宪法虽然可以保护议员权利，但是不能拘泥于宪法。例如，第一届日本帝国议会中森时之助被捕，末松三郎等议员认为根据《大日本帝国宪法》第五十三条规定，主张在召开议会期间不能逮捕议员。田中正造认为，末松三郎等议员的主张正是有心"越权"的行为。如果议员利用宪法，故意在议会期间违法，应该不受保护。③他批判"利用宪法保护自己越权"的行为，对议员权利的理解并不局限于法条本身，而是主张尊重司法独立，具有近代司法意识。

第三节　田中正造民主思想的内容与特征

　　田中正造通过自由民权运动和在日本帝国议会的活动，形成了民主思想，主要表现为宪法思想、开设国会思想和自治思想。三者与民

---

① 田中正造全集编纂会编『田中正造全集』第七卷（日记1），岩波书店，1978，第15頁。

② 田中正造全集编纂会编『田中正造全集』第七卷（日记1），岩波书店，1978，第19~20頁。

③ 田中正造全集编纂会编『田中正造全集』第七卷（日记1），岩波书店，1978，第7~9頁。

主思想的关系可概括为：地方自治是民主思想的表现之一，日本国会是实现民主主权的形式之一，宪法是实现人民主权的保障。下面将从这三方面对田中正造的民主思想内容及特征进行详细阐析。

一　倡导地方自立的自治思想

自治思想是在人文主义指导下确立的政治观，它作为一种权利而被提出，同时作为权利分配的方式而被强调。以人本主义为指导，从个人的切身利益出发探讨自治问题。自治问题的研究开始摆脱宗教学、伦理学和传统生活观念的影响，继而用"理性逻辑"观察和解释政治现象。在该问题视域下，国家权力、政治生活等都被归结为个人理性的结果。① 倡导个人自由可以说是田中正造民主思想的精髓。他认为言论自由、选举等这是公民应享有的实实在在的基本权利。田中正造尤其强调自治思想的重要性，他认为享有这些权利的前提是自身的独立。田中正造将此思想发展到"地方与中央"的国家治理中，强调地方相对于中央而独立的自治思想。

田中正造最早提及自治思想是在小中村担任名主时期，他将村内名主公选制评价为"自治的好惯例"。此后他在江刺县监狱中熟读《西国立志编》。该书宣传"自己拯救自己"的自立精神。例如书中曾指出："我们都在等待'恺撒们'降临……这一信仰的实质就是要人民无所作为，坐享其成。如果我们守护这一信念，势必将毁灭人民的自由意志，从而为专制主义铺就道路。"② 田中正造从中吸取了自治思想的主张，在自由民权运动时期，他在《开设国会是当务之急》中以地租改正为例，肯定了人民的自治能力并批判政府对自治制度的过度限制。例如，他反对1880年政府发布的修改地方税的政策，他指出："地方政务的改良是允许在地方建立自治制度，地方不再受中央政府

---

① 安建增：《政治哲学视野中的自治理论研究》，安徽师范大学出版社，2015，第130页。
② 斯邁爾斯（スマイルス）：『西国立志編：原名·自助論』，中村正直訳，六書房藏版，1871，第1~3頁。

干涉、实现其自由发展的地方政治。"① 他在当选栃木县会议员后，积极主张实现地方产业上的独立自治。基于这些经历，田中正造确立了地方个体与国家整体之间的关系，注重国民的基本权利和个人自由的发展。他认为地方要自食其力，不应该过分依赖政府，并认为地方自治可以发展人民的自立意识。例如，他曾指出："我并不是断言接受政府的照顾就不好，真正需要接受保护的时候就接受，但是过分依赖就不好了。"② 所以田中正造特别注重地方的发展，主要表现在经济、教育、医疗三个方面。

第一，在经济自治方面，田中正造认为在地方的公共建设上受益最多的是民众，因此，公共建设应该由当地人民自发筹资承担，在资金不足的情况下可由当地税收来补足。虽然田中正造主张人民自己承担地方公共建设方面的费用，但他认为这应该是人民自发性质的"德义捐款"，因此反对三岛通庸的"命令捐款"。第二，在教育自治方面，田中正造提倡废止县立中学，普及小学教育，注重小学教育和女子教育的发展。第三，在医疗自治方面，田中正造反对县立医院依靠政府的巨额投资来维持发展，提出废除县立医院、建立私立民间医院的主张，认为这样可以使当地的医疗条件更优质。

如上所述，田中正造认为，实现自治的途径不是简单地依靠行政，而是应该放弃想要"依靠"政府的心理，活用"地域自治"。田中正造认为，町村的主权者是町村住民，政府没有决定町村事务的权力。他的自治思想对民众反对废除谷中村和环境保护运动起到了积极的引导作用。所以田中正造立足于"地域自治"，强调"无论建造什么样的国家，往什么方向发展，都要依靠自己"。田中正造强调人民在国家的主体性，主张人民充分发挥自己在国家中的作用，地域住民协力

---

① 田中正造全集編纂会編『田中正造全集』第六巻（栃木県会記録），岩波書店，1977，第 11 頁。

② 田中正造全集編纂会編『田中正造全集』第一巻（自伝、論稿 1），岩波書店，1977，第 521～522 頁。

建设国家。

二 开设国会赋予人民参政权利

田中正造通过阅读《西国立志编》等介绍西方思想文化的著作，接触了西方自由、民主、自立等思想。参加自由民权运动后，他依托中节社，积极宣扬民权和自立等思想。1879 年 9 月 1 日至 15 日，田中正造担任《栃木新闻》[①] 主编，先后在该报刊登《开设国会乃当下之急务》、《开设国会建议书草案》和《开设国会建议》等文章，宣传开设国会论。

田中正造的开设国会论主要由两方面内容构成：第一，民众已具备参与国家政治的能力。1875 年 11 月栃木县开始改正地租，安苏郡的地租增加了 13%，招致农民极大的不满，产生了纷争。"提高了自己的六反田地的等级，降低村民争论的田地等级，减轻了地税才平定了村中纷争。"[②] 田中正造以此事件为例，认为民众成功地进行了地租改革，已证明民众具备参与国家政事的能力，呼吁政府开设国会。第二，在国权危机的情况下，发展民权是当务之急。田中正造在认识到清政府和琉球之间纠纷的基础上，认为当时日本内有国家精神之萎靡，外有与清政府关系之紧张，可谓处于"内忧外患""大难将至"之境地。对此，他进行了如下描述：

---

① 《栃木新闻》创刊于 1878 年 6 月，并在同年 11 月废刊，次年恢复发行后，由田中正造担任主编。1882 年 5 月 17 日田中正造辞去主编职务，但并没有与《栃木新闻》断绝关系。此后《栃木新闻》和《足利新闻》合并，于 1882 年 9 月 8 日第三次复刊。第三次《栃木新闻》的第 147 号刊（1883 年 4 月 18 日）的第四版面上刊登了"《栃木新闻》的股东人名表"，上面出现了田中正造的名字。1884 年 3 月 7 日《栃木新闻》改名为《下野新闻》。据日本学者推断，《下野新闻》创刊初期，田中正造对该报纸还是抱有一定的亲近感，明确树立自由党系的旗帜；但与改进党变为敌对（关系）后，田中正造与该报纸断绝往来。详细内容请参见小松裕『田中正造の近代』，東京：現代企画室，2001，第 126 頁。

② 田中正造全集编纂会编『田中正造全集』第一卷（自伝、論稿 1），岩波書店，1977，第 340 頁。

况我国近来之形式乎？（我国）外交工作日日盛隆，繁忙至极。……人民无魄力，国亦精神萎靡。……听闻今日支两国间产生一大纠葛。此传闻屡屡传入余辈之耳。若此传闻属实，果真有此事的话，如此萎靡之国家驱使如此之无魄力人民抗战，可谓大难之至也。①

田中正造在上述认识的基础上强调："设立国会，赋予人民参政权，使上下一致，精神团结，兴盛萎靡国力，培养气力。此时，要相信纵使有外寇入侵的燃眉之急，不管如何也不可觊觎一发之间隙，这是不容置疑的。这就是我辈渴望设立国会原因之所在。"② 关于开设国会的意义，田中正造认为只有官民齐心，才能摆脱困境，而让人民参政，可谓上策："如让人民知晓上下一致，共荣共损，官民一心之条理可维持国家的话，可永久保全国家，能使国家登上顶峰，冲出云际，与日月同存。"③

值得关注的是，田中正造还主张组建统一纲领的政党以推动国会的开设进程："今吾等希望开设国会，期盼确立宪法，然其中最为焦虑之事是何哉？此乃政党也。此乃组成政党的精神也。"④"这样方可君民共致、各处其安，民可呼吸其自由空气，国可免于外国凌踏。"⑤他认为开设国会前应该统一政党，结束政党林立的局面，并树立政党精神。在他看来，被选出的政党应该具备"与国民有适当的情谊，不

---

① 田中正造全集編纂会編『田中正造全集』第一卷（自伝、論稿 1），岩波書店，1977，第 340 頁。
② 田中正造全集編纂会編『田中正造全集』第一卷（自伝、論稿 1），岩波書店，1977，第 340 頁。
③ 田中正造全集編纂会編『田中正造全集』第一卷（自伝、論稿 1），岩波書店，1977，第 340 頁。
④ 田中正造全集編纂会編『田中正造全集』第一卷（自伝、論稿 1），岩波書店，1977，第 375～376 頁。
⑤ 田中正造全集編纂会編『田中正造全集』第一卷（自伝、論稿 1），岩波書店，1977，第 373 頁。

妄想撼动我国国体。也就是说不扰乱国体，积极适应民智，辅助万世一统的皇室，确立宪法，扩充立法大权。将政府置于君民中央，上下中央三权平等"① 的精神。田中正造在建立统一政党的基础上，推动国会的开设进程。

在板垣退助欧洲之行后，自由民权运动出现了全国范围内的自由党和改进党的对立态势。当时，田中正造就进行了批评，他曾指出：

> 在这样的形势下，自由党对政府深恶痛绝，可谓是民心所向，同时板垣的声望也日益高涨。

> 不同的是，当时改进党党员在学识和见闻方面都具有极高的素养，可以说是国家之栋梁。贵族方面不了解民情，内阁不堪忍受我对其痛处的攻击，几乎成为内阁敌人的我不免招致内阁上下的憎恨。若内阁在对待其党员的态度上能够严格命令，整顿秩序，不会出现所谓的正人君子憎恶以及轻视像我这样的人，甚至无视党的纪律。与此相反，板垣所推行的自由主义在民间的醋店、酒水店都有所涉及，改进党和自由党之间暗流涌动。但是若田中不管两党势力的强弱，成员的多少，专注于百年大计，我不会介意他对我的蔑视，我还一心一意地帮他招收党员，在我的介绍下入党人数几乎达到了三千人。

> 沼间、岛田等人加入了改进党，我也从自己组织成立的政党中推荐数百名重要的政治学员入党。加入高素养的改进党，给人一种农村小姑娘前往豪华的府邸做佣人的感觉。②

如上所示，田中正造将立宪改进党评价为"有学识""高素养"

---

① 田中正造全集編纂会编『田中正造全集』第一卷（自伝、論稿 1），岩波書店，1977，第 375～376 頁。

② 田中正造全集編纂会编『田中正造全集』第三卷（論稿 3），岩波書店，1978，第 317 頁。

的政党，并意识到扩大立宪改进党员任务的急迫性。在此基础上，田中正造作为地方立宪改进党员，积极努力扩大立宪改进党范围，他对"如何扩大立宪改进党地方组织，稳固政党"问题做了如下总结：

> 扩大政党组织，通过怎么样的方法来谋划基础的巩固是个极其困难的问题。在理论讨论上虽然没有那么复杂，但实际操作起来是非常困难的，需要诸多因素的共同作用，例如第一知识、第二财力、第三健康、第四方法、第五德行、第六学习、第七耐性等。……在所推崇的和睦主义影响下，享有盛名的贵族官员放下了自己的架子，同普通民众深切交往。民众反过来又帮助提高了负有盛名的有识之士的名望，并对其大加赞扬。也有民众因此在东京担任学士老师，乡村地区的信誉也得以提高。听闻乡下人在东京得以施展抱负，不禁感叹其道路之正确。自己付出却将功劳拱手让给他人成就了道德。具备五种特质即指前五种特质，也就是说要灵活运用知识、健康、财力、耐性、精神力以及交往方法，我坚信唯有如此，我党组织才能变得牢固团结。……将这些特质分散到个体上，发挥各自的长处攻击其他党派的弱点，绝不会有利于社会的统一团结。唯有团结，才能不会各自孤立，为政府所左右而陷入困境，最终达到自己的目的。彼此联合，全面发挥其所长，保持和睦关系，为实现我党的幸福奠定坚实的基础。以此代为今日之贺词。①

如上所示，田中正造认为只有坚持"灵活运用知识、健康、财力、耐性、精神力以及交往方法"才能巩固政党，因此他反对政党间互相批判，"发挥各自的长处攻击其他党派的弱点"的行为。对于政

---

① 田中正造全集編纂会編『田中正造全集』第九巻（日記1），岩波書店，1977，第163～164頁。

党和民众的关系，他认为应坚持"和睦主义"，即政党和民众和睦相处，政党深入民间，这样才能"彼此联合，全面发挥其所长，保持和睦关系，为实现我党的幸福奠定坚实的基础"。

三 崇尚宪法，建立责任内阁保障民权

宪法通常被称为"法律的法律"，是法律体系中的最高法，其规定国家的根本制度和根本任务，集中体现各种政治力量对比关系，是保障公民基本权利的国家根本法。其具有三方面特征，其一，宪法是国家的根本法。在内容上，它规定一个国家最根本、最重要的问题；在法律效力上，它具有最高法律效力，是制定普通法律的依据，是一切国家机关、社会团体和全体公民的最高行为准则。在制定和修改的程序上，宪法比其他法律更加严格。其二，宪法作为国家的根本法，其最重要、最核心的价值是保障公民权利与自由，它是公民权利的保障书。宪法的基本内容可以分为两个部分，即国家权力的规施和公民权利的保障。其中，公民权利的保障居于核心与支配地位。其三，宪法是民主事实法律化的基本形式。宪法对公民权利和自由的保障，是民主最直接的表现，或者说是民主事实的必然结果。宪法是民主事实法律化的基本形式。因为，宪法与民主紧密相连，民主主体的普遍化或者说民主事实的普遍化是宪法得以产生的前提之一；而且宪法以其根本法地位确认国家权力的正确行使和公民权利的有效保障。①

1889 年日本颁布了第一部成文宪法，即《大日本帝国宪法》，它是亚洲最早的一部成文宪法，具有近代意义。如前文所述，明治维新前，欧美资产阶级自由、民主的政治思想已开始在日本传播；明治维新后，在自由民权运动的冲击下，日本决定开设国会、制定宪法。19世纪 80 年代初，天皇派遣伊藤博文等赴欧洲考察宪政。在考察中，伊

---

① 殷啸虎：《宪法学要义》，北京大学出版社，2005，前言。

藤博文发现普鲁士宪法最适合日本国情,因而重点考察了德国宪法。回国后,伊藤博文被任命为议长,与井上毅等人开始秘密起草宪法,最后经天皇批准,于1889年2月11日正式颁布了《大日本帝国宪法》(即《明治宪法》),1890年由日本帝国议会正式通过并决定在同年11月29日开始生效。《明治宪法》是根据天皇的意志、遵照天皇的教令制定的。在《明治宪法》的制定过程中,它既未采纳国民的意见,也未由国民来选举制宪议员,最后未把宪法提交民选机关来审议和批准,因此,《明治宪法》是一部典型的钦定宪法。这部宪法深受1871年的《德意志帝国宪法》及各邦宪法的影响。值得关注的是,该宪法仅仅规定了臣民有限的自由权利。《明治宪法》中没有"人权"的保障,作为"臣民的权利"主要是自由权,因为没有实行对议会负责的责任内阁制,权力重心仍掌握在官僚手中,难以真正实现维护民众的权利。①

在此历史背景下,田中正造主张崇尚宪法、建立责任内阁以保障民权。具体表现为以下两点。

第一,田中正造强调宪法的平等性和对等性。平等精神是宪法精神的体现。田中正造认为在司法面前,应坚持政府官员和公民平等性原则。如前文所述,1887年12月25日为了镇压反政府运动,政府颁布了《安保条例》,依据该条例压制社会反政府活动,从而确保国家及公民安全。在第三届议会预算案审议期间,政府为了预算案的顺利通过,杀害了民党人士高田早苗。田中正造认为宪法具有平等性,不仅应该保护政府官员,也应该保护议员。民党人士高田早苗作为众议院议员,也应该受此法律保护,杀害高田早苗可视为破坏国家安全行为。因此,依据《安保条例》应该追查杀人犯,保护议员人身安全。因此田中正造进一步将此行为评价为政权非一体化,是无政府状态的表现。②值得关注的是,田中正造甚至认为,天皇也应该受宪法约束。

---

① 魏定仁、傅思明:《宪法发展简史》,江苏人民出版社,2014,第89~90页。
② 田中正造全集编纂会编『田中正造全集』第七卷(日记1),岩波书店,1978,第82~86頁。

《明治宪法》是根据天皇的意志、遵照天皇的敕令制定的，是一部典型的钦定宪法。依据《明治宪法》，日本确立了天皇专制制度，将天皇统治确立为日本国之根本，天皇神圣不可侵犯，内阁从属于天皇，天皇可以参与立法，拥有司法权和军事统帅权。① 田中正造认为宪法至高无上，宪法保护的是"国家"。在此基础上田中正造主张尽管宪法规定天皇总揽统治权且天皇神圣不可侵犯，但天皇也有义务尊重宪法、受宪法约束，也应该持有"保护宪法上德义的义务"。②

宪法的对等性主要是指基于权利义务的对等性，没有无权利的义务，也没有无义务的权利。现实生活中，对等性主要表现在税收和纳税方面，即纳税人履行了纳税义务，就应有权利享受政府提供的公共产品。田中正造的宪法思想在许多方面大体遵循了对等原则，其中以税收观最为典型。他将反对废除谷中村运动和宪法的对等性相结合，认为谷中村村民严格遵守宪法，已履行兵役和租税等公民义务，政府应该提供保护谷中村村民的生命财产安全。因此，将强制破坏谷中村行为评价为破坏宪法的对等性，是违反宪法的行为。③

第二，田中正造强调宪法保障公民的生命权和财产权。宪法以确认和保障民权为最高目标，保障公民的财产权等。田中正造崇尚宪法，在其演讲和日记中多次出现"誓死拥护宪法"④ 的言论。田中正造从宪法应保障公民权利出发，认为受矿毒污染的谷中村村民是受宪法保护的日本臣民，因此将足尾矿毒污染问题及废除谷中村问题视为破坏宪法的行为。在他看来，反对废除谷中村和矿厂停业是拥护宪法、遵守宪法的行为。⑤

---

① 魏定仁、傅思明：《宪法发展简史》，江苏人民出版社，2014，第89～90页。
② 小松裕：『田中正造：二一世紀への思想人』，筑摩書房，1995，第89～111页。
③ 田中正造全集编纂会编『田中正造全集』第五卷（論稿5），岩波書店，1980，第266页。
④ 田中正造全集编纂会编『田中正造全集』第三卷（論稿3），岩波書店，1978，第131页。
⑤ 田中正造全集编纂会编『田中正造全集』第五卷（論稿5），岩波書店，1980，第136～137页。

对于足尾矿毒对公民农用土地的污染导致农业歉收和农民死亡等问题，田中正造认为，这是损坏人民权益、剥夺公民的财产权（土地所有权）和生命权的违反宪法行为。[①] 政府动用警察镇压民众请愿的川俣事件是为了谋取私利（政府与古河矿业勾结）而屠杀民众的行为，更是政府无视宪法意识的体现。[②]

对于废除谷中村问题，田中正造将其视为国家剥夺人民土地，是侵害公民的财产权、违反宪法的行为。[③] 田中正造认为国家应该顾及公共公益事业，依法保护人民的权利和财产安全（这是国家法律上的责任）。[④] 废除谷中村不仅仅是政府违反宪法的行为，更是政府的非职行为。因此，他呼吁政府应该遵照法律，恢复谷中村。[⑤]

第四节　田中正造民主思想的地位

根据文化传播理论，在接受外来文化的过程中，本地文化与外来文化的冲突是难免的；冲突中的融合是外来文化传播得以实现的重要条件。对于民主思想资源先天不足的后发国家来说，在吸收西方民主思想的过程中，除了其社会固有的制度、文化等历史因素外，一个很重要的问题就是如何认同和选择西方的民主思想，即在何种程度上和范围内接受西方民主的核心价值，这是关系其现代化能否成功的一个

① 田中正造全集编纂会编『田中正造全集』第三卷（論稿 3），岩波書店，1978，第 4 頁；田中正造全集编纂会编『田中正造全集』第五卷（論稿 5），岩波書店，1980，第 190 頁。

② 田中正造全集编纂会编『田中正造全集』第五卷（論稿 5），岩波書店，1980，第 753 頁。

③ 田中正造全集编纂会编『田中正造全集』第五卷（論稿 5），岩波書店，1980，第 173 ~ 181 頁。

④ 田中正造全集编纂会编『田中正造全集』第五卷（論稿 5），岩波書店，1980，第 148 頁。

⑤ 田中正造全集编纂会编『田中正造全集』第五卷（論稿 5），岩波書店，1980，第 171 頁。

深层次因素，也是影响个人民主思想特征的众多因素中最重要的一项。因为，一定的行为总是要受到一定的价值观念的支配，西方民主思想所具有的价值理性和工具理性不会自动地进入后发国家社会的各个层面并转换成为一种自觉的行为意识，它需要经历一个从传统价值体系到现代价值体系的认同转换过程。在这一过程中，如果没有主体的价值判断及其相应的行为，任何客体都不会自动对主体产生价值意义；主体对客体的认识、判断是主客体的交融，必定成为指导主体实践的一些基本原则，也是形成某种价值体系的关键。① 所以，关注日本政治民主化的历史进程，探讨日本在面临经济增长与政治民主化共时性困境有助于深入研究田中正造的"真文明"思想。在日本近代，自由、平等、民主这些西方社会最普遍的价值观在民众中得到了广泛的宣传，其中田中正造所强调的个人独立和自由，对日本社会思想的影响最为深远，他也被日本学界誉为"草根民主主义者"。这是因为田中正造的政治理念立足于民众、坚持民众权利优先。

另外，田中正造坚持依据宪法治理国家的理念，以民众利益为准绳，以建立对人民负责的责任内阁为基础。如前所述，在政府的特殊手段下，第一届帝国议会最终得以通过。此事让许多议员开始对明治宪法精神失望，如明治时期著名政治思想家中江兆民对第一届议会非常失望，甚至将议会评价为"无血肉的议会"，并最终辞去众议院议员的职位。与此相对，田中正造将日本宪法评价为"正宗的好宪法"，认为"查定案并没有超越预算议定权"，而"越权"只是政府一方的"宪法的误解"。田中正造详细解释道，"政府有在议会上征求同意议案的权利"，虽然没有明确的法律指出，但议会有承担、征求议员意见的责任和义务。② 很明显，与政府轻视议会的超然主义的宪法解释

① 淳于森泠、王振锁：《日本福泽谕吉的民主思想及其影响》，《理论导刊》2006 年第 11 期。
② 田中正造全集编纂会编『田中正造全集』第九卷（日记1），岩波书店，1977，第264～267 頁。

相比，田中正造对于宪法的解释是站在国会（人民）立场上的。

小　结

综上所述，自由民权运动时期的田中正造与全国的自由民权家一起主张赋予民众参政的权利，积极推进开设国会运动。作为立宪改进党员，田中正造积极宣传民主思想，为扩大地方党员和民众政治觉醒而奔走。作为立宪改进党员，田中正造关注党内建设，为了实现开设国会的目的，主张将自由党和立宪改进党两党合一。在帝国议会期间，田中正造充分发挥议员职责，关注足尾矿毒事件中政府的不正行为。最终，田中正造形成了倡导地方自立的自治思想，赋予人民参政权利的民权思想以及崇尚宪法、建立责任内阁保障民权的民主思想。其民主思想中重视生命权和财产权，对其环境思想与和平思想有着重要的影响。

第三章　日本反公害意识

——田中正造"真文明"思想之环境保护思想

明治维新后，日本开始全面吸取欧美文化，学习西方的改革政策，虽然在经济方面取得了卓越成就，但因忽视对环境的治理、保护，大气、水、土壤被污染，给日本民众的生活环境带来了灾害，甚至威胁到了他们的生命安全。其中，足尾矿毒问题是日本首例公害事件。受历史条件限制，这一事件并没有引起明治政府重视，足尾铜矿厂也只是敷衍民众引进了"粉尘采集器"，并与受害民众签订了"五年和谈"，不但没有停工，反而增加产量。田中正造作为反足尾矿毒事件的领导者，晚年致力于解决足尾矿毒问题；在继承日本传统的自然观和环境思想的基础上，形成了独特的环境保护思想，这是其"真文明"思想的重要组成部分。

本章将在介绍明治时期经济发展和环境问题的基础上，以足尾矿毒事件为主要背景，分别从纵向与横向两个方面，对田中正造反足尾矿毒活动的阶段特征与其主要方式进行考察。最后，阐述和分析其环境保护思想的内容及影响。

第一节　明治时期经济发展与环境问题

一　产业革命与环境问题

19 世纪 70 年代处于幕末的日本为了抵抗西方列强的冲击，采取了一系列措施。一方面，明治政府对旧制度进行改革，废除藩制、改革身份和土地等制度。另一方面，明治政府还学习西方的发展措施，推行"富国强兵"、"文明开化"和"殖产兴业"三大政策。[①]

其中，在"殖产兴业"方面，因为日本国土面积狭小，自然资源特别是支撑工业发展的矿产资源十分贫乏，远远适应不了资本主义工业发展的需求。因此，明治政府分两阶段来推动本国工业发展，即第一阶段的"以国企为主导"和第二阶段的"扶植私人资本主义"，取得了良好的效果。以矿产开采业为例，明治政府首先推行以国企为主导的工业化方针，利用国家政权扶植日本资本主义成长。1872 年颁布了《矿山须知书》，用法律方式确定矿山国有化，并施行官营。其后，日本政府低价出售国企，扶植私人资本主义发展，并在 1880 年进一步推出"官业下放令"，并颁布《处理工厂概略规则》，大力扶植私人资本和民营工业。日本政府对官营企业的出售价格远低于公家投资，还可以无利息分期付款，实际上几乎等于无偿转让。[②] 例如日本政府曾将 160 万日元的阿仁铜矿"处理"给古河，将生产设备作价为 25 万日元，只需从第六年分 10 年完成支付即可。[③]

[①] 改革详细内容请参见车维汉《由财政压力引起的制度变迁——明治维新的另一种诠释》，《中国社会科学院研究生院学报》2008 年第 3 期。

[②] 解晓东、刘洋：《传统与变革：日本政治史专题研究》，东北大学出版社，2014，第 72~83 页。

[③] 王铭：《"殖产兴业"与日本资本主义的发展》，《辽宁大学学报》（哲学社会科学版）1997 年第 6 期。

最终，在明治政府的扶植、保护下，以矿产开采业为代表的第二产业在明治维新后的短短 40 余年内得到了快速发展。第二产业和第三产业的比例逐年攀升。日本也在 20 世纪初基本完成了工业革命，从一个落后的农业国家初步发展为工业国家，成为经济上具有一定规模的资本主义国家。据学者统计，1880 年第二产业所占比例仅为 9%，1920 年这一比例提高到 26.7%；第三产业的比例由 1880 年的 23.95%上升到 1920 年的 39.3%，1940 年又进一步上升到 43.9%。① 然而，日本虽然快速地发展了工业经济，却忽视了经济发展与保护环境的切合，引发了以采矿污染为主的环境污染问题。② 日本国土狭窄、资源贫乏，环境容量有限，一旦产生高度环境污染问题，很容易迅速蔓延。自 17世纪 40 年代至 19 世纪 60 年代，日本开采铜矿、银矿、金矿和硫矿引发了广泛的土壤污染等环境污染问题，污染面积逐年扩大，迅速蔓延至周围地区。例如，由栃木县足尾铜矿造成的渡良濑河污染，爱媛县别子铜山造成的空气污染，秋田市小坂矿山引起的林业和农业损害，以及茨城县日立矿山造成的空气污染。③

二 矿业污染与足尾铜矿厂

随着明治维新后日本工农业生产的发展，企业对矿产资源的需求量日益增加，矿产开采规模进一步扩大。当时日本的采矿业受技术限制，处于传统技术阶段。传统采矿业是破坏生态环境和消耗资源的行业。在开发、加工和使用矿产资源的过程中不可避免地要破

---

① 余晓泓：《日本产业结构从环境污染型到环境友好型演变分析》，《上海环境科学》2005年第 4 期。
② 明治维新以来 150 年中的环境问题可为 3 个阶段，即以第二次世界大战为节点的第一阶段和第二阶段，及 1986 年以后的第三阶段。其中第一阶段还可以进一步分为明治维新至第一次世界大战开始前和第一次世界大战开始至第二次世界大战结束两部分。其中，第一次世界大战前，日本环境污染问题主要源自采矿业。相关内容请参见船桥晴俊、寺田良一、罗亚娟《日本环境政策、环境运动及环境问题史》，《学海》2015 年第 4 期。
③ 船桥晴俊、寺田良一、罗亚娟：《日本环境政策、环境运动及环境问题史》，《学海》2015 年第 4 期。

坏和改变自然环境，产生各种各样的污染物质，造成大气、水体和土壤的污染，并给生态环境和人体健康带来直接或间接的、近期或长期的不利影响。矿业活动中产生的废水、废气、固体废弃物的排放对自然界的水体、大气以及土壤造成了污染。另外，日本当政者从经济利益出发，实行所谓的优先发展经济原则，对公害采取了先放纵后治理的策略，加速了环境污染的扩散，从而引发了社会问题，爆发了环境保护运动。①

足尾铜山矿毒事件可谓是上述问题的典型例子之一。自古以来，足尾铜山就是日本重要的铜矿产地之一，繁盛时期年产量曾一度占日本铜总产量的四分之一。1877年古河市兵卫引进西方的先进开采技术，提升了产能，使铜矿厂取得了迅速的发展。与此同时，其排放的二氧化硫气体对空气造成了大范围的污染，排放的含砷工业水对森林和农田造成了广泛的损害，而企业为获取燃料而砍伐森林造成了水土流失，也形成了严重的水灾隐患。② 1878年前后，渡良濑川流域发生的洪水严重损害了当地农业及渔业生产，使由足尾铜厂排出的矿毒所引发的公害变得愈加严重。渡良濑川沿岸居民进京请愿，希望政府能够停止铜矿厂营业，但遭到了警察的镇压，爆发了著名的川俣事件（关于足尾矿毒事件的始末将在下一节中进行详细说明）。

如上文所述，明治时期的环境问题主要来自于采矿业污染，本书将以足尾铜矿环境污染问题为例，从大气污染、水质污染和土壤污染三个方面对采矿业所产生的环境污染表现进行具体阐述说明。

其一，采矿业中产生的有毒有害的烟尘中，含有大量亚硫酸气体，对大气造成污染。有毒气体覆盖在植物叶片表面，抑制植物体的光合作用和蒸腾作用而影响矿区附近野生植物和农田作物的生长，造成森

---

① 郝海涛、程晓卿：《采矿业环境污染问题解决对策分析》，《科学与财富》2014年第2期。
② 船桥晴俊、寺田良一、罗亚娟：《日本环境政策、环境运动及环境问题史》，《学海》2015年第4期。

林及农作物大面积枯萎。① 1885 年 10 月 31 日《下野新闻》曾刊载了有关足尾铜山大气污染的报道：

> 足尾铜山……吾下野新闻曾报道过这样的新闻。之前诸多商人进入该地，商业活动也大为兴起。然由于烧矿锅炉的粉尘中含有大量丹矾，会对人的身体产生伤害，今已将烟筒转移到山下，并采取措施防止烟尘飞到生活区域内。然而，附近山上的树木从前夜开始多有枯死。②

而森林植被的减少削弱了其涵养水源的作用，容易造成洪水泛滥，有毒的渣矿通过洪水进一步污染该流域所灌溉的农田。③

其二，采矿业中直接排放未经处理的工业废水，对水体和生态环境产生有害影响。矿山废水排放量大，持续时间长，污染范围广、影响地区广，且水质污染不易被发现。当水中铜含量超过 3ppm 时，水产生异味；超过 15ppm 时水无法饮用。铜对水生生物影响很大，当水中铜的浓度为 0.5ppm 时，原生淡水植物死亡。游离的铜离子对鱼类更是致命的，一般认为水中含铜超过 0.01ppm 就会威胁鱼类安全。以足尾铜矿污染为例，足尾铜矿厂排放的含铜酸性水，未经处理就流入渡良濑川，造成了渡良濑川的水质污染，不仅使其下游 4 万公顷农田受到危害，还影响了该水系中的渔业发展。④ 据田中正造统计，从 1881 年开始，渡良濑川渔夫人数逐年减少，至 1890 年，已无渔夫捕鱼。⑤ 1885 年《下野新闻》中对其污染情况做了如下报道。

---

① 吕志祥等主编《环境法》，中国言实出版社，2014；韦冠俊、蒋仲安、金龙哲编《矿山环境工程》，冶金工业出版社，2001，第 93 页。

② 转引自小松裕『田中正造の近代』，现代企画室，2001，第 260～261 页。

③ 孙绪金、万林海、李志萍：《工程与水文环境地质学》，科学出版社，2001，第 129 页。

④ 真宫之男：《工矿业污水公害防治技术》，中南矿冶学院出版，1982，第 1 页。

⑤ 田中正造全集编纂会编『田中正造全集』第七卷（日记 1），岩波书店，1978，第 57 页。

香鱼全无。流进足利郡向南流的渡良濑川不知何故春天后香鱼数量急减。本月六日至七日间，发现众多香鱼疲软无力地游着，或潜入深水中，或搁浅于浅滩处，或浮尸于川上。想往昔，大家争相得鱼。或大网，或小网，多者能得二三百贯，少者也能得几百条，即便是小儿也能抓获数十条。而今年，香鱼也无，鲇鱼也无，当地人叹息声不绝于耳。当地未曾出现过此情况，当地人纷纷议论怕是铜山流出的胆矾致此局面。①

其三，采矿业对土壤产生污染。② 矿业开采会削平山体，削弱防风屏障，甚至会造成河流改向（改逆）等气候、水文方面的影响，从而破坏了原有生态系统中各种生物的生存条件，也影响人类居住的环境条件。采矿业中产生的煤矸石、炉渣、废石等堆放在地表，也会破坏地表植被，引发水土流失。自然恢复是非常缓慢的，通常需要50～100年，特别是土壤的恢复，可能需要 100～10000 年。在当时日本的技术条件下，这是很难人工修复的。③

日本在足尾开采铜矿时，大量的矿山废水排入附近的渡良濑川，废水又浸入当地的农田，结果农田土壤中铜的含量高达200ppm，致使土壤结构受到严重破坏，恶化了土壤。结果该矿区周围 40～80 公里的农业区，稻苗的生长高度始终超不过 10 厘米，产量减少到只有原来的十分之一。后来，由于洪水将矿山大量铜粉带到土壤中，矿山周围两千公顷的农田颗粒无收。④

---

① 「香魚全無」，『下野新聞』1885 年 08 月 12 日。
② 关于足尾矿毒问题的表现，参见小松裕『田中正造の近代』，现代企画室，2001，第 256～269 頁。
③ 徐洪喜、朱晓东、陈军等：《扬州废弃矿区生态修复规划与实践》，中国生态学会 2006 学术年会论文荟萃，2006。
④ 江苏省植物研究所编《城市绿化与环境保护》，中国建筑工业出版社，1977，第 54 页。

足尾铜山矿毒的土壤污染是土壤污染中的典型。早在 1878 年，栃木县的足尾钢山矿毒水以群马县和栃木县两县为中心，在渡良濑川流域的数千公顷农田上肆虐，使农作物严重受害，这些地区的农作物（如水稻和双季作物小麦）出现减产。① 灾害主要是由矿毒水中含有的铜流入水田，蓄积于土壤之中而引起的。渡良濑川沿岸农业种植物以水稻为主。洪水与足尾铜山的重金属废水一起下泄，造成渡良濑川中下游地区大面积的水害灾害，引发了严重的社会问题。1896 年再次发生大洪水，渡良濑川流域出现破堤险情，足尾铜矿含砷废水急剧下泄，大面积农田无法继续使用。砷对人类是一种非常有害的元素，可致癌；对农作物生长也有抑制作用，能降低作物产量。②

值得关注的是，上述三方面的矿毒污染，导致植被减少，涵养水源能力降低，最终引发了特大洪水，从而使得污染通过渡良濑川的洪水进一步扩大。洪水的泛滥导致矿山的废水污染范围扩大。茨城、栃木、群马、琦玉四县数万公顷农田受灾，废水流经之处田园荒芜、鱼类窒息，沿岸数十万人民流离失所，无家可归。据日本学者统计，1885 年从足尾铜山厂排放的工业废水共损害该流域包括松木村在内的五个村庄。经过 1896 年和 1898 年的两次洪水，沿岸100000名农民受害，足尾村12672公顷的森林变成荒地，33131公顷的农业土壤遭到污染。③ 而引起洪水泛滥、矿毒问题恶化的原因主要是大面积砍伐森林，如《通史足尾铜山矿毒事件》和长佑之的《足尾铜山见闻记》中所指出的那样。

---

① 日本环境协会编《日本的环境保护》（第 1 册），刘柏林、张丽华译，中国环境科学出版社，1989，第 113 页。

② 李燕、徐迎春：《淮河行蓄洪区和易涝洼地水灾防治实践与探索》，中国水利水电出版社，2013，第 87 页。

③ 转引自船桥晴俊、寺田良一、罗亚娟《日本环境政策、环境运动及环境问题史》，《学海》2015 年第 4 期。

将足尾山上的树木砍伐下来做了冶炼厂的燃料。特别是 1888 年一举砍伐了上一年的三倍多，约 1584 町步的山林，使得整座山上的树木尽数消失。如此，乱砍山林→排放废气→大雨→洪水→矿渣、废石流出→农作物受害这一矿毒破坏的循环过程就明了起来。[1]

抬头望去满山疮痍，无一立木、无一绿草，只剩下光裸泥土、乱石横生，凄凉如冬日烧荒后之景，这定是矿业繁盛大量砍伐山上树木的恶果。[2]

这从 1890 年 12 月 27 日足利郡吾妻村村长龟田佐平给栃木县知事折田平内的《上诉书》中也可窥一斑：

古往今来一发洪水或多或少会有些破坏，但是洪水带来的肥料留在田里，即便两三年间不施肥，庄稼也可欣欣向荣。但是近年来情况却完全相反，洪水过后，即便大量施肥，庄稼产量也不增反减，明治二十一年至今已变成颗粒无收的悲剧。[3]

综上所述，足尾铜矿厂引发的矿毒污染问题，作为传统采矿业污染的典型，污染了大气造成森林植被锐减，污染了水质，破坏了渡良濑川的渔业，污染了土壤进而抑制农作物生长，使稻谷产量减少。尽管污染问题如此严重，但受当时社会现状所迫，环境污染并没有作为社会问题被认真对待，以致洪水泛滥，污染迅速扩散，最终爆发了反足尾矿毒的环境保护运动（此问题相关内容，将在下节进行详细叙述）。

---

① 转引自小松裕『田中正造の近代』，现代企画室，2001，第 256~269 頁。
② 转引自小松裕『田中正造の近代』，现代企画室，2001，第 256~269 頁。
③ 转引自小松裕『田中正造の近代』，现代企画室，2001，第 256~269 頁。

第二节　田中正造与足尾矿毒事件

一　足尾铜山历史与足尾矿毒事件

1550 年栃木县因发现"足尾铜山"（铜是当时的钱币材料）而受到重视并大规模开采。足尾铜山开发初期，由幕府直接管辖。在 17 世纪中后期的兴盛时期，其年产量可达 35 万到 40 万贯①。铜的主要用途为贸易或铸钱。但这之后产量连年下滑，到了 18 世纪末，产量更是急速萎缩，最低时甚至只有约 2 万贯的产量。明治维新后日本开始大力发展民间资本主义，开放了国家控制下的足尾铜矿，1871 年起允许民间资本介入铜矿开采。古河矿业开创于 1875 年，1877 年着手足尾铜矿的开发，使其于 1884 年成为日本最大的产铜矿山。初期足尾铜矿依然保持着很低的产出量，一直是赤字亏损状态，经营状况没有改善。直到 1881 年 1 月、1884 年 5 月分别发现了鹰之巢富矿山、横间步大富矿山后，情况有所好转，足尾铜矿的铜产量直线上升，其产量可占整个日本铜产量的 26%，成为日本首屈一指的大铜矿，这也奠定了古河财阀的经济基础，继而推动了该企业向多领域进军。②

1890 年 8 月，带有矿毒的泥沙随着洪水侵入农田中，经群马县、栃木县流经渡良濑川沿岸七郡 28 个村，导致被污染的农田颗粒无收。明治时期《日本矿业条例》第十条第三项规定，若开矿对公益造成损害，在农商务大臣许可的情况下，可取消该企业采矿权。因此渡良懒川沿岸的受害农民开始自发地组织起来，对水质进行检测，甚至提出了关停足尾铜矿的请求。群马县民众甚至联合农科大学将受害地的调

---

① 约 1300 吨到 1500 吨。

② 梅雪芹等：《直面危机：社会发展与环境保护》，中国科学技术出版社，2014，第 30 页。

查成果编撰为《足尾矿毒——渡良濑川沿岸被害事情》一书。然而政府方面对此问题态度冷淡，农商务大臣陆奥宗光对足尾铜矿的违法行为与追究企业责任也漠不关心，不仅禁止发售该书，甚至把农民们所要求的"关停铜矿"列入严禁谈论之列。[1]

据学者考证当时古河矿业与政府有着密切关系：

> 古河市兵卫先是拉拢足尾的旧领主一同开矿，接着通过拉拢日本资本主义之父涩泽荣一加入开矿行列，因此古河在资金方面得到政府的重点扶持，并以此扩大生产建成了日本第一大铜矿。古河市兵卫和涩泽荣一之间的"暧昧"关系，是其获得成功的重要先决条件。古河顺利进入日本大资本家行列后，并不满足于仅依靠涩泽荣一的庇护，将他的二儿子过继给维新功臣陆奥宗光做养子。这样，古河矿业从原来只是一家普普通通具有政商背景的企业，一下子上升为以当时日本内阁作为后台的大企业。[2]

1891 年 9 月，栃木县当局就如何补偿受害町村的民众和古河市兵卫达成了初步的协议。这一消息传至乡里，原本一致要求铜矿停业的运动发生了分裂。一部分受害民众鉴于古河市兵卫的政治背景认为问题很难解决，且他们害怕牵扯到自己除了农田之外的其他利益，因而同意接受补偿。而另一部分以农田为生的受害者，坚决要求关停足尾铜矿。作为栃木县众议院议员的田中正造在第二届日本帝国议会上，就古河矿业的污染问题向农商务大臣发出质问。农商务大臣以"原因尚不明确，正在实施调查，矿主在进行预防措施的建设，从美德两国购入粉矿采集器，今后可防止矿毒流出"为借口，敷衍答复。这也为日后问题的激化埋下了伏笔。政府解释的"粉矿采集器可以防止矿毒

---

① 梅雪芹等：《直面危机：社会发展与环境保护》，中国科学技术出版社，2014，第 32 ~ 33 页。

② 梅雪芹等：《直面危机：社会发展与环境保护》，中国科学技术出版社，2014，第 36 页。

流出"也成为日后反对运动扩大的导火索。明治政府站在古河矿业的立场，出面调停纠纷，屡次拒绝民众要求停止矿业生产的诉求，充耳不闻田中正造在议会中关停铜矿的要求。古河矿业威胁、恫吓受害民众，逼迫他们签订了和解补偿协议。由于政府的出面调停，加之农民反对矿毒运动的内部分裂，栃木、群马两县最终与古河矿业达成了初步协议。根据补偿协议：观察粉矿采集器的效果，签约之人在1896年6月30日前不得申诉；古河矿业努力保护好水源涵养林，出于"道义"向受害民众支付补偿金，而受害民众得到的仅是受损农田年产量1/20的微薄补偿金。[①]

政府与企业的做法以及矿毒继续污染农田的事实，将民众压抑于内心的怒火引向了爆发。1896年又一次暴发了大洪水，受害的农民们奋起反抗，政府迫于民众压力成立第一届矿毒调查会，命令古河市兵卫停止矿业开采并治理矿毒。古河采取了敷衍的态度，治理设备的不完善导致公害问题加重。从1897年起，渡良濑川沿岸的农民就矿毒问题在云龙寺集会，并进行了四次请愿活动。

田中正造也于1902年12月向天皇越级上诉引起了舆论的关注。日本政府恐于事态波及全国难以收拾，开设了第二届矿毒调查会。表面上政府积极处理矿毒问题，实质上是将矿毒问题转为治水问题。1907年政府决定废除谷中村并在其村址修建废水处理厂，田中正造次年入住谷中村与村民一起开展反对废除谷中村运动，这也就有了"川俣事件"[②]。数千名农民共同努力，向政府发起4次大规模的请愿，但是政府在第4次请愿时派遣警察大规模镇压请愿活动。请愿

---

① 梅雪芹等：《直面危机：社会发展与环境保护》，中国科学技术出版社，2014，第33～34页。

② 1900年2月，足尾矿毒数千受害居民在上京请愿途中，于川俣村与警察发生了冲突事件，以田中正造为首的1000多人被捕，史称"川俣事件"。这是日本民众首次因公害问题向政府请愿。此事件发生后，社会舆论激烈，当地组织起各种救援受灾民众的活动。终于，1902年3月政府再次设置矿毒调查会，开始就足尾铜矿污染采取实质性的对策，发出严格命令，要求实施矿毒预防工程。（张云飞、李春香：《日本环境运动的发展历程》，中国自然辩证法研究会2013年学术年会，2013，第476页。）

活动终于发展成社会问题，酿成了日本著名的公害事件——足尾矿毒事件。①

然而，大批民众的请愿仍未引起明治政府对该问题的重视，1897年明治政府对矿厂负责人古河市兵卫发布了"第三次预防矿毒工程命令"，但并没有让古河矿业承担任何责任，只令其实施了一些预防未来中毒的无效措施。随着预防工程的搁置，矿毒污染情况也越来越严重。最终，处于矿山上游遭受空气污染危害的松木村解散，下游的谷中村被宣布为防洪区而被强制解散。谷中村的土地在1907年被征用修建蓄水池，拒迁的16户被强行拆除。政府继续停止采矿，将足尾矿业矿毒事件看作洪水及公共安全问题。针对明治政府的这一决定，田中正造于次年入住谷中村，与村民一起发动了反对废除谷中村运动和治水运动。②

足尾矿毒污染问题从最初的环境问题发展到社会问题，矿毒的危害逐步扩大并被公众所认识。为了消除矿毒，足尾附近的农民们将斗争对象直指责任企业，成为东亚地区在实现近代工业化进程中最早要求政府必须关停责任企业的先驱者。在开展反对矿毒运动的同时，农民们也开始与责任企业进行交涉，要求企业给予受害民众补偿。这一要求也成为此后日本环境运动的重要组成部分（补偿金交涉）。③古河市兵卫则利用日本进入战争动员的特殊状态，表面上冠冕堂皇地要求农民必须为国家做出牺牲，而实际是为了抑制农民的反对矿毒运动。农民的牺牲成就了古河矿业，使其发展成为日本最大的铜矿企业。

---

① 船桥晴俊、寺田良一、罗亚娟：《日本环境政策、环境运动及环境问题史》，《学海》2015年第4期。

② 中村愛子、下村彰男：「田中正造の『治水論』と現代への継承」，『ランドスケープ研究：日本造園学会誌』2010年第2期。

③ 梅雪芹等：《直面危机：社会发展与环境保护》，中国科学技术出版社，2014，第29~33页。

二 田中正造与反足尾矿毒运动

为了增加本国自然资源的产量，顺应资本主义的发展，日本政府实行了官业下放政策。古河市兵卫经营的足尾铜山厂即此政策下的企业之一。足尾矿毒问题日益严重，但并没有引起日本政府和社会的广泛关注。田中正造以第二届日本帝国议会为开端，投身于解决足尾矿毒问题的事业中。以1906年为节点，田中正造领导的反足尾矿毒运动分为主张停止矿业和反对废除谷中村两个阶段。

第一阶段，从第二届帝国议会到1898年提出治水问题为止。

1890年足尾矿毒事件问题化，但根据《田中正造全集》，田中正造在1891年9月16日首次提到了"矿毒"一词，并在此后着手对受害地进行调查。但是，田中正造首先向明治政府提出该问题却是在第二届日本帝国议会上。该届议会上，田中正造提交了《关于足尾铜山矿毒的质问书》，在该质问书中田中正造指出古河矿业违反了三项法律规定：其一，违反了《大日本帝国宪法》第二十七条中所规定的日本臣民的所有权不得受到侵犯；其二，违反了日本矿法第十条第三项所规定的若开矿对公益造成损害，在农商务大臣许可的情况下，取消开矿权；其三，违反了矿业条例十九条一项所规定的如矿厂影响到公益，所属受害地监督署长可将此事报予农商务大臣，经认定则可勒令停止矿业生产活动。田中正造从此三项法规出发，呼吁政府按照宪法停止古河矿业开采铜矿。[①] 对此，明治政府在《答辩书》中针对日本矿法第十条第三项内容予以回应道，要经过调查确认后才能确定引发灾害的主要原因，不基于试验结果，无法下结论确定灾害原因，也就无法停业。[②]

---

① 田中正造全集编纂会编『田中正造全集』第七卷（日記1），岩波書店，1978，第41頁。

② 田中正造全集编纂会编『田中正造全集』第七卷（日記1），岩波書店，1978，第500頁。

明治政府本以为此事可以告一段落。然而，田中正造看破了明治政府和古河矿业的"预谋"。在第三届大日本帝国议会中，田中正造继续向明治政府追责足尾矿毒问题，提交了《关于足尾铜山矿毒危害的质问书》《针对足尾铜山矿毒危害事件农商务大臣回答的质问书》，并进行了与质问书相关的演讲。要求政府停止古河矿业生产，并揭露了"永久和谈"的不正当性，指出了政府《答辩书》中的矛盾。

第二届日本帝国议会之后，农科大学教授丹波敬三开始实验调查渡良濑川受害原因，并得出结论：矿毒受害地公害的原因是土质中含有铜，其来自足尾铜山矿厂；足尾铜山采矿厂流出的水含有硫酸铜等有害物质，这些有害物质与淤泥混合，顺着渡良濑川流入其他河流；渡良濑川河底的沉淀淤泥所含有害物质与受害地含有的有害物质相同，所以可以判断，此淤泥通过洪水泛滥侵害农田。① 田中正造基于丹波敬三的实验结果，在《关于足尾铜山矿毒危害的质问书》中再次提出停止矿业的要求。他指出，既然丹波敬三的实验结果确定了矿毒污染来源于古河矿业，就应该依照日本矿法关停矿厂。②

农商务大臣 2 月给出的答复称：根据实验数据确定其被害原因后进行处决，古河矿业购买粉矿采集器 20 台，且在渡良濑川两堰设置沉淀场沉淀含粉矿的土砂。③

针对政府的回应，田中正造指出设置沉淀池让矿毒沉入池底只是暂时掩盖了污染，沉入池底的矿毒多年不易消减，并不能从根本上治理污染。④ 此外，他还指出政府《答辩书》中的矛盾性，批判了政府"一方面说原因不明，另一方面又做一些预防矿毒的准备，完全就是

---

① 田中正造全集编纂会编『田中正造全集』第七卷（衆議院演説集 1），岩波書店，1978，第 50 頁。
② 田中正造全集编纂会编『田中正造全集』第七卷（衆議院演説集 1），岩波書店，1978，第 57~82 頁。
③ 田中正造全集编纂会编『田中正造全集』第七卷（衆議院演説集 1），岩波書店，1978，第501 頁。
④ 田中正造全集编纂会编『田中正造全集』第七卷（衆議院演説集 1），岩波書店，1978，第105 頁。

欲盖弥彰"。他认为既然引进粉矿采集器,就证明古河矿业对环境造成了污染,根据矿业法应该停止矿业。①

虽然第三届日本帝国议会后,政府没有关闭古河矿业,但田中正造并没有放弃揭露矿毒污染的本质及政府采取措施的不合理性。从1894年8月18日开始,田中正造开始对矿毒受灾地进行调查,在实地调查的基础上,提出粉矿采集器只是暂时修复污染策略,不能达到根本性修复,再次呼吁停止矿业生产。② 实际上,粉矿采集器的效果是有限的,1897年预防矿毒工程的数据显示,平均每台粉矿采集器的粉尘回收率仅为30%左右,剩下的70%左右则与水一起被排放到了渡良濑川。③

田中正造看破了此局面,他在第九届日本帝国议会(1896年3月25日)上指出,地方县官郡吏具有保护该地区人民安全自由的职责,对古河矿业所引发的环境问题放任不管,是与古河市兵卫同心的不仁暴戾的行为。④

1896年7月21日、8月17日、9月8日,渡良濑川先后发生3次洪水,矿毒问题复发。渡良濑川大洪水之后,田中正造调查受灾情况,组织受害民众进行要求足尾铜山停业的运动。1896年4月1日受灾地植野村成立矿毒委员会,并在大洪水后制成矿业停止运动意见统一契约书。1896年11月27日,群马县议会同意采纳对足尾铜山进行停止矿业生产处分的建议。矿毒受灾群众向农商务大臣提交足尾铜山矿业停止请愿书。次月末,两县代表进京向农商务省、内务省、东京矿山等相关监管部门陈情。

---

① 田中正造全集編纂会編『田中正造全集』第七卷(衆議院演説集1),岩波書店,1978,第80頁。
② 田中正造全集編纂会編『田中正造全集』第七卷(衆議院演説集1),岩波書店,1978,第407頁。
③ 二村一夫:『足尾暴動の史的分析:鉱山労働者の社会史』,東京大学出版会,1988,第214~215頁。
④ 田中正造全集編纂会編『田中正造全集』第七卷(衆議院演説集1),岩波書店,1978,第364頁。

终于，1897 年 6 月 7 日，日本政府同意因为矿毒问题免除地租。虽然免除的地租不多，免除地租的说明书中首次出现了"因为矿毒"字样[1]，这也在一定程度上体现反足尾矿毒运动取得了阶段性进展。

1897 年 5 月 27 日~11 月 22 日，东京矿山监督署长命令对足尾铜山进行矿毒防除工程。然而随着次年洪水的再次暴发，防除工程的无用性不言自明。明治政府将矿毒问题转为治水问题，田中正造针对明治政府的决定，将运动重点转为治水问题和反对废除谷中村。

足尾矿毒问题爆发后，政府采取了消极对待的态度。《足尾铜山矿毒渡良濑川沿岸事件》书中由于含有古在由直和长冈宗好做的土壤分析结果的内容，1891 年 7 月刚一发行就被禁了。此后，虽然田中正造提出质疑，但政府仍然是敷衍对待，并将工作重心放在专注国内经济发展上。如政府制定矿业法等法规的初衷是顺利让殖产兴业政策得以执行，其实是为了保护矿山经营者，特别是为了保护与土地所有者利益相悖的矿山经营者可以拥有稳定的权力。其中的"公共"利益，指的就是"国家"利益；如何去规定"公益"的内容，则完全由政府说了算。田中正造的"公益"观点和政府的"公益"观点最终站到了对立面上，这与田中正造的主张有本质上的区别（具体将在后文进行详细论述）。[2]

第二阶段，1898 年渡良濑川发生大洪水至田中正造逝世。

田中正造虽然在议会中多次呼吁关闭足尾铜山矿厂，但明治政府并没有关停铜厂的意思，而是通过建立"蓄水池"和修建水利工程来处理开矿所带来的水质污染和洪水问题。[3] 一方面，政府试图废弃被

---

[1] 当时政府严禁社会舆论和公开发表刊物中出现"矿毒"字样。但在请愿书中首次出现了"因为矿毒"字样，运动可谓取得了阶段性进展。参见田中正造全集编纂会编『田中正造全集』第十四卷（书简 1），岩波书店，1978，第 507、543 页。

[2] 〔日〕佐佐木毅、〔韩〕金泰昌主编《公共哲学第 9 卷：地球环境与公共性》，韩立新、李欣荣译，人民出版社，2009，第 21、142、263 页。

[3] 田中正造编纂会编『田中正造全集』第七卷（衆議院演説集 1），岩波书店，1978，第 560~561 页。

矿渣污染水源的村庄（谷中村为其中之一），将其变为"蓄水池"，沉淀毒水中的有害物质。另一方面，对于开矿废弃物造成的山体植被污染、砍伐树木为燃料造成的水土流失，政府没有采纳田中正造提倡的植树造林的意见，而是先后修建了利根川、渡良濑川等水利工程。正如田中正造所预测的那样，水利工程并没有对洪水起到抑制作用，在此期间，渡良濑川连续三年暴发了洪水。[①]

　　田中正造对政府的决策感到失望，于1900年2月17日在议会上提交了《关于不知亡国即为亡国之质问书》，次年退出立宪改进党专心从事反足尾矿毒的相关工作。[②] 为了引起社会各界的关注，1901年12月10日田中正造向议会开院仪式归途中的天皇递交直诉状（由幸德秋水修改），但被拦截。[③]

　　1902年，渡良濑川沿岸的谷中村堤坝决口后，所属县政府怠慢修复工事，明治政府也将该村定为"蓄水池"候补地。谷中村民深受洪水灾害和移村的困扰。在此情况下，田中正造入住谷中村，并亲自调查关东地区的河流情况，向政府提出了切实的议案，领导当地居民展开了反对废除谷中村运动。运动期间，县政府不仅动用警察强制拆迁，还敷衍修复被洪水冲毁的堤坝，追加增收农民们的税金，逼迫谷中村民离开。具体表现为以下两点。

　　其一县政府故意延迟修复堤坝工程，并拆毁村民自己修筑的堤坝，企图让村民主动撤离谷中村。

　　受矿毒污染的渡良濑川是利根川的一个支流，沿着谷中村和藤冈镇的边境，从西边绕过向南流去，到谷中村正南方向一里的地方，注入利根川的本流。谷中村北面有一道赤麻沼临时堤坝，其余的三面环

---

① 田中正造全集編纂会編『田中正造全集』第十二卷（日記4），岩波書店，1978，第379頁。

② 田中正造全集編纂会編『田中正造全集』第八卷（衆議員演説集2），岩波書店，1977，第302～315頁。

③ 田中正造全集編纂会編『田中正造全集』第三卷（論稿3），岩波書店，1978，第518、656頁。

绕着高冈和堤坝，因地势为盆地，容易积水。县政府利用谷中村的地势和水文条件将泛滥的渡良濑川和利根川河水都蓄在谷中村之中，将其变为蓄水池以预防水灾。这样不仅可以防御水灾，还能沉淀受污染河流中的矿毒，并借此消灭矿毒事件的痕迹。[①]

对于修复堤坝工程，地方政府不仅故意延迟进程，还砍伐树木破坏堤防，施工中的堤防再次被冲走，之后县政府便放弃修复工程。县政府意图让洪水冲毁谷中村，让村民因此而舍弃村庄。村民们则自己筑成一道临时堤坝，然而县政府却以违反《河川法》为名，命令村民拆毁临时堤坝。[②]

田中正造等人识破了县政府的阴谋，认为预防水灾，反倒应当扒去堵塞利根川干流的千叶县关宿石堤。八月的洪水证明了田中正造等的意见是正确的。利根川的河水，冲坏了附近几处的堤坝，进而在利根干流的栗桥附近泛滥成灾，淹了40多个小镇和村庄。谷中村徒然成了废村，完全没有起到蓄水池的作用。田中正造创建了下野治水干道会，不断向县政府和内务省陈情请愿。他的主张是：停止开采铜矿，拆毁关宿石堤以防止逆流，反对把谷中村变为蓄水池。为了证明他的治水方法有效，田中正造无论炎夏寒冬，常年跋涉于利根川、渡良濑川两岸村庄之间，调查平时涨水时的流量、水位和水势。[③]

田中正造还联合木下尚江等人发表演说，他反复强调停止矿业生产、保护水源的重要性：

> 铜矿的开采，不但毁了田地，而且也破坏了山林。为了预防水灾，首先必须停止采矿。应当讲求保护水源的方法，然而，治水的根本办法就是拆除距离此地七八里远的下游千叶县关宿的石堤。这道石堤不过是封建幕府的遗迹而已，筑这一道石堤的目的，

---

① 〔日〕城山三郎：《辛酸》，王敦旭译，作家出版社，1965，第14页。
② 〔日〕城山三郎：《辛酸》，王敦旭译，作家出版社，1965，第6～14页。
③ 〔日〕城山三郎：《辛酸》，王敦旭译，作家出版社，1965，第14页。

是为了保卫江户城。正因为石堤堵塞利根川主流，河水才逆流成灾。政府不仅不拆除石堤，反而使谷中村成为废村，变成积水池，正像我强调的那样，完全是有害而无益的，今年夏天洪水泛滥就是证据。①

其二，政府向谷中村民追加税金。县里提出的受害补偿金标准是一反田②只给35日元，墓地一坪三钱四厘日元，墓地的补偿仅够买两张明信片。其理由是这里田地洼涝，不长庄稼。县政府又以不长庄稼为借口，追加税金。1907年分摊下来的税金是上一年的38倍。除此之外，还令村民分摊筑堤费和县政府的扒堤费。连年歉收，堤坝溃堤，让谷中村民愤慨不已的同时更感到不安。大多数村民再也熬不下去了，被迫接受了收购条件。400户村民只剩19户村民与田中正造一起继续抗争（这其中有16户居民住在堤内，3户居民住在堤外）。县政府动用200多名警察对不愿迁移的堤内的16户留存农民进行强制拆迁。因为此前村中青年都已经应征入伍，赴日俄战争前线，此时村中无壮丁抵抗，村民们只能任由警察拆迁。还没有指定搬到哪里，就强制拆房，一举拆了16户人家的房子，把他们赶到露天去，不管家里是否有因矿毒卧病在床的病人和老人，毫不留情。③

田中正造联合留守的谷中村居民，向栃木县的区裁判所提起不服土地征用价格的诉讼。审判中很多律师没有出庭，只有当地毛利律师一个人出庭。毛利律师再三劝和解，但田中正造以诉讼的最终目的在于复兴谷中村为理由，每次都予以拒绝。审判中律师动不动就缺席，鉴定人也无故缺席。于是，田中正造巡回各村，向有声望的人士和负

---

① 1903年12月6日、7日田中正造与木下尚江等人在佐野、足利发表演讲。参见田中正造全集编纂会编『田中正造全集』第十卷（日记2），岩波書店，1978，第572頁；〔日〕城山三郎：《辛酸》，王敦旭译，作家出版社，1965，第27～28页。

② 一反田相当于991.7平方米。

③ 〔日〕城山三郎：《辛酸》，王敦旭译，作家出版社，1965，第5～7页。

责农业行政的官吏索取土地价格证明书。这都是用来反驳鉴定人鉴定结果的资料。尽管如此，官司也以失败而告终。即便是这样，留村的18户人家[1]并没有示弱，他们以田中正造为核心，团结成一个坚强的整体。他们自行修复河堤，即使后来村民们修复的河堤被洪水冲走，也未放弃留守自己的家园。[2]

田中正造和谷中村留村农民坚守自己的家园一年半之久，但是情况却没有好转。社会各界力量也渐渐失去帮助谷中村民的热情，其原因有二：第一，虽然每次召开议会的时候田中正造必然要写复兴谷中村的请愿书，但政府态度坚决，又时值日俄战争之际，议会对农民的请愿置之不理，且田中正造退出众议院之后已经没有议员愿意为他们说话了。第二，矿毒调查委员会早在1903年12月4日就已经解散。东京救济会从开始就劝说谷中村民缓和态度，他们认为不遵从县政府的意图，就无法解决问题，希望谷中村民遵从县政府的意图，迁移到堤外去。但依据当时政府规定，村民们同意搬家以后，只容许再逗留六个月，因此民众害怕搬了家，这个问题就会不了了之，村民已经不相信县政府。东京救济会渐渐和农民之间产生意见分歧，失去帮助村民们的热情。[3]

尽管如此，田中正造依旧为反对废除谷中村问题而奔走，为上诉而努力。一方面田中正造借助社会舆论的力量，防止县政府再次发起破坏事件。田中正造及其好友们的演讲掀起了社会舆论对县政府的问责，县政府很难再一次强制拆毁留住居民的窝棚，这使得谷中村废村一事暂时得到缓和。[4] 如前所述，田中正造晚年受基督教影响，也变得没有年轻时那么激进。此时，田中正造主张"非武力"抗争。另一

---

[1] 谷中村当时留守居民共有19户人家（在反对废除谷中村运动中，有1户病亡，所以变为18户），其中堤坝内有16户人家，堤坝外有3户人家。

[2] 〔日〕城山三郎：《辛酸》，王敦旭译，作家出版社，1965，第39～71页。

[3] 田中正造全集编纂会编『田中正造全集』别卷，岩波书店，1980，年譜。

[4] 〔日〕城山三郎：《辛酸》，王敦旭译，作家出版社，1965，第27～31页。

方面，1912 年 6 月 12 日，田中正造和留守居民决定再次上诉，可是既没有上诉的经费，又没有合适的律师。田中正造到东京找到最先劝他上诉的律师——早川律师，但早川律师现在也借口东京救济会解散，不给予帮助了。新井奥遂帮田中正造找到律师中村秋三郎。中村秋三郎作为村民们的辩护律师，参加了审判。审判历时 5 年，于 1921 年 4 月 15 日结束，在 4 月 21 日进行了宣判。经判决，县议会作为被告被法庭要求向村民赔付费 68000 多日元。也就是说，县政府除了既定的补偿金 9000 多元之外，只需再补偿 1331 日元 6 角 3 分。每反田增加不到两日元。田中正造和农民们的要求几乎都被拒绝了。[①]

大正 2 年 9 月 4 日，田中正造由于过度劳累在谷中村逝世。此后，农民们遵循他的意愿继续上诉，但并没有满意的结果，最终谷中村变为蓄水池。

纵观田中正造的反足尾矿毒运动，可以发现其主要表现为如下几个方面。

其一，利用舆论唤起社会关注。在 1895 年至 1897 年期间，田中正造每年亲自调查受灾地，调查栃木、群马和茨城等县的矿毒受害情况，并撰写《矿毒受灾地实地检查旅行指南》，记录实地受害情况。在了解实地受灾情况下，田中正造通过发表演讲、刊发文章以及向新闻记者介绍受害详情等方式，向社会各界介绍了足尾矿毒的受害情况以及古河矿业对环境的污染，得到了有识之士的响应。根据当时《新闻法》的相关规定，"矿毒"一词被划定为敏感词，禁止出现在大众媒体视野中。尽管这样，田中正造仍编写了《足尾铜山矿毒事件请愿书及始末略书》和《足尾铜山矿毒受灾种目参考书》，向世人介绍矿毒污染的危害。他亲自访问内务、大藏、农商务省，向大臣们派发自己参与编纂的矿毒调查报告书和请愿书的册子，要求政府停止矿业。除此之外，田中正造还奔赴各地进行演讲，在诸如《平民新闻》等社

---

① 〔日〕城山三郎：《辛酸》，王敦旭译，作家出版社，1965，第 72 页。

会主义报刊及基督教会主办刊物上介绍足尾矿毒相关情况，并亲自带领报纸记者考察佐野等矿毒受灾地。

在田中正造的努力下，越来越多的人开始关注矿毒问题，有识之士开始介绍足尾矿毒事件。1896年10月15日永岛与八等人发表矿毒演讲会，声援田中正造；[①] 基督教妇人矫正会松本英子1902年刊发了《矿毒地的惨情》；木下尚江出版《足尾矿毒问题》，向世人介绍足尾矿毒事件；田川大吉郎出版了《解决矿毒问题论》（1902年，燕名社）、《呜呼矿毒论》（1903年，现代社）等宣传册，呼吁政府拿出实际的应对策略。

其二，有组织地进行反矿毒运动，走访受灾地区，团结受灾群众。田中正造于1897年2月27日设置了足尾铜山矿业停止请愿同盟事务所，并利用镇村行政系统组织召集受害地区的负责人开展反对足尾矿毒内容的会议。[②] 田中正造正是在这些基础上，于第二届日本帝国议会上提出了矿毒问题。

古河市兵卫引进粉矿采集器，并与受灾群众达成"暂定和谈契约"的时候，田中正造亲自走访各县受灾地区，向民众说明"和谈契约"的阴谋和不正当性。然而，处于近代化转型初期的日本民众并没有遇到过公害事件，意识不到公害问题的严重性，认为环境污染是可以治理和修复的，认为环境可"自愈"，对于古河市兵卫提出的条件欣然接受，同意签订契约。下都贺部屋村之外的4个村以及足利町的11个村的矿毒受害群众，拿到赔偿金后甚至与古河市兵卫达成了永久和解。[③] 对此，田中正造并没有放弃，继续亲身走访，证明粉矿采集器的片面效果，并组织了之后的川俣抗争运动。

---

① 田中正造全集编纂会编『田中正造全集』第十四卷（书简1），岩波书店，1978，第456～457页。

② 田中正造全集编纂会编『田中正造全集』第九卷（日记1），岩波书店，1977，第283～284页。

③ 田中正造全集编纂会编『田中正造全集』第十四卷（书简1），岩波书店，1978，第434～435页。

辞去议员职务后，田中正造入住谷中村。年逾古稀的他每天走访渡良濑川沿岸各地，证明政府治水方式的错误性，并与谷中村民一起组织反对废除谷中村的运动。

其三，指责明治政府对矿毒问题态度敷衍。1892年2月，栃木县知事组织该县议会议员成立矿毒仲裁委员会，农商务省公布设置矿山监督署和矿业条例施行细则、矿业警察规则，当局政府并没有意识到问题的严重性，着眼甲午中日战争等事，敷衍了事。对此，田中正造在第三届日本帝国议会上再次质问足尾矿毒问题，提交了《关于足尾铜山矿毒危害的质问书》[①] 和《对农商务大臣回答关于足尾铜山矿毒危害的质问书》[②]，指责政府相关部门不负责任，并主张应立即停止矿业生产，防止灾害进一步扩大。

足尾矿毒公害事件是日本近代首例公害事件，虽然反足尾矿毒运动没有取得胜利，但是对后世有着深刻影响和重要意义。田中正造用行动告诉世人保护环境的重要性，让人们认识到环境问题关乎人的健康和生命，也使被害人意识到"公共福利"和"公益"。另外，足尾矿毒问题，虽然在明治时期已经得到社会舆论关注，但受资本主义市场经济条件所限，受害人缺少法律保护。

第三节　田中正造环境保护思想的内容

工业革命后，日本开始大规模开发与征服自然。田中正造在反足尾矿毒运动中从尊重自然角度出发，形成了具有先驱性的环境保护思想，即利用自然、尊重自然的环境保护思想。

---

① 田中正造全集编纂会编『田中正造全集』第七卷（衆議院演説集1），岩波書店，1977，第 57 ~ 82 頁。

② 田中正造全集编纂会编『田中正造全集』第七卷（衆議院演説集1），岩波書店，1977，第 104、107 頁。

一　基于“公共利益”的环境保护思想

公害是人的行为实践所导致或者引发的，具有现实的严重损害性，且损害的是人的生存以及共有生存环境。结构主义是一种概括性的研究方法，探索是什么样的相互关系引发了某个社会问题或文化现象等研究方法，对于认识事物以及其特征具有重要作用。从结构主义角度出发，“公”与“私”利益的冲突和“公共利益”两方面内容是环境问题的焦点。田中正造的环境保护思想超越时代思想束缚，合理地对两方面问题给予了解答。

其一，“公”与“私”利益的冲突方面，具体指的是环境问题中国家、政府以及企业的“公”在发展过程中忽视民众（个人）的“私”利益，甚至不得已牺牲“私”利益而发展“公”利益的问题。足尾矿毒问题是古河矿业（包括明治政府）的“公”与受害民众“私”之间发生了利益冲突。当局者认为与国家的大利大义相比，个人（受害居民）的利益是微不足道的，即可以为了实现足尾铜矿厂的经济利益而损失个人（受害居民）的利益。田中正造认为，环境问题的处理方式不能用受害者的多少来衡量，并利用纳税额反驳了政府损害民众利益的行为。他认为，纳税是民众支持社会、国家的“公共”行为，“谓之高持、纳税多者为人所敬，富商巨贾亦不可比肩；赋税义务更甚于公共事业”①。在第二届日本帝国议会上，田中正造将足尾铜山的纳税额和受害农民们的纳税金额对比，提出足尾矿毒受害群众纳税总额高于足尾铜山厂的纳税金额，从而提出与“古河市兵卫的生意”相比，“负有纳税义务的人民”才是真正应该保护的对象。②

---

① 田中正造全集编纂会编『田中正造全集』第九卷（衆議院演説集 1），岩波書店，1977，第 245 页。
② 田中正造全集编纂会编『田中正造全集』第七卷（衆議院演説集 1），岩波書店，1977，第 105 页。

其二，环境的"公共利益"方面。"公害"侵害人类的共同生活区域，侵害人类的公共利益，具有公共性。明治时期已经出现"公害"一词，取"损害公共利益"或"为公共福祉事业带来危害"之意。但"公共利益""公共福祉事业"的含义范围划定权掌握在国家手中。日本的公害问题与欧美不同，涉及生命才算是公害问题。明治政府认为，发展经济、提升国力即为"公共利益"，为此明治政府制定保护受害者的矿业法等条例，来保护矿山经营者在开采矿产时拥有与采矿区土地所有者相抗衡的土地使用权，从而顺利推行殖产兴业政策。明治政府并没有意识到不能及时、合理处理企业引发的公害问题会引起社会问题。在当时，违背"殖产兴业""富国强兵"等明治政府推行国策的行为都被认为是有损公共利益之事。例如受害民众在足尾矿毒等事件中不小心说漏了嘴，带出了"矿毒"字样，就会被宪兵抓去打个半死。① 田中正造与明治政府的观点不同，他从民众角度出发，认为"矿害危害公共安宁，损害公共利益"。他强调"民众之权利"中的生命权，认为矿毒令"受害者数以万计"②，"生灵涂炭，民不聊生"③，危害到公共安宁，影响公共事业，应立即停止矿业。

其三，在"公"与"私"的界定下，二者同样存在交集，即"公共性（观）"问题。如果企业经营给当地老百姓的生活环境带来巨大灾害，问题一旦暴露出来，政府或企业最终要承担责任。这一问题在当时已经被意识到，但是受条件限制，并没有深刻到这种程度。然而田中正造超越时代束缚，意识到了环境保护问题的本质，即公共观问题，呼吁提高民众的公共意识，他指出"足尾铜山、渡良濑河、日光山、栗山、鬼怒河，乃下野之经济也……是下野经济的要点；然而如

---

① 〔日〕佐佐木毅、〔韩〕金泰昌主编《公共哲学第9卷：地球环境与公共性》，韩立新、李欣荣译，人民出版社，2009，第21页。
② 田中正造全集编纂会编『田中正造全集』第七卷（衆議院演説集1），岩波書店，1977，第105頁。
③ 田中正造全集编纂会编『田中正造全集』第七卷（衆議院演説集1），岩波書店，1977，第109頁。

若沉沦于眼前私欲，硬要毁灭公共资源的话，损失将一如既往的严重……①田中正造认为，除了发展经济，政府也应该负担公共事业，重视公共事业。②

提高公共性意识是全社会范围内涉及全社会利益的事情，田中正造指出："国家与公共之辨：国家属政治之范畴，公共乃社会之范畴。"③ 他认为矿毒问题的根本原因是明治民众和政府缺乏公共意识，并指出："如此增大矿山规模，危害亦将紧随其后……将其视为对公共安宁危害之物……"④"因国家、团体之由（而破坏公共之安宁——引者注），公共意识乃日本民族欠缺之物。死板之和谐，虚伪之和谐。"⑤ 田中正造以石井、须藤、清水三家为例，呼吁日本社会"亦非仅以自家利益为重。不为眼前小利所动"，应从下野乃至大局出发，此乃社会公共事业发展之必需。

二 从尊重自然角度出发的治水思想

如前文所述，田中正造从小便受到儒学等中国思想与文化的影响和熏陶。儒学的"天人合一"思想对田中正造的治水思想和环境保护思想等都产生了一定的影响。"天人合一"思想将世界分为宇宙自然万物和人两部分，认为"天"与"人"之间的关系，即自然与人之间的关系，人尽心知性便能知天，达到"上下与天地同流"；"合一"指的是天和人的关系，即人与自然界中的万物平等，不能凌驾于自然之

---

① 田中正造全集編纂会編『田中正造全集』第十八巻（書簡5），岩波書店，1970，第553頁。

② 小松裕、金泰昌：『公共する人間4 田中正造：生涯を公共に献げた行動する思想人』，東京大学出版会，2010，第6~7、151頁。

③ 田中正造全集編纂会編『田中正造全集』第九巻（日記1），岩波書店，1977，第389頁。

④ 田中正造全集編纂会編『田中正造全集』第十一巻（日記3），岩波書店，1979，第110頁。

⑤ 田中正造全集編纂会編『田中正造全集』第九巻（日記1），岩波書店，1977，第349頁。

上。① 有学者认为儒家"天人合一"的本质是把人看作自然界中的一部分，是以理解、掌握自然及人自身的规律为前提，从而做到"从心所欲不逾矩"（《论语·为政》）。② 笔者认为从环境思想的视角来理解，此处的"不逾矩"可以理解为人们在发挥主观能动性的同时，要以尊重客观规律为前提。孟子在《孟子·尽心上》中也认为"尽其心者，知其性也。知其性则知天矣"，即人们应该在了解并顺应自然规律的基础上实现自身的发展。儒家认为人作为自然界的一部分，要与自然和谐发展，应当在认识世界、改造世界时，以尊重客观规律为前提，最终达到"万物皆备于我矣"的目的。③

明治政府将足尾矿毒公害问题转为治水问题，田中正造在了解当地自然水环境的基础上，于1911年提出"尽快停止足尾铜山矿业工程。首先清理河流恢复清洁，其次要禁止水源地的伐木活动。清除河川的障碍（堤坝）是紧急问题。降低利根川水平高度将会减少洪水，与此同时政府对地方费用的开支也会相应地减少"④ 的主张。具体来说田中正造的治水思想可分为涵养水源和反对建设高水位水利工程两方面内容。

其一，从尊重自然角度出发的低水位治水法。足尾铜矿厂为获取燃料而滥伐山林的行为造成足尾铜山植被荒芜，田中正造对此批评道："不禁止砍伐山林，将会违背自然法则，用此方式追求任何事业都将会徒劳无果。"⑤ 他认为："公然滥伐山林，会让带着矿毒的土沙流失，河川将被湮没，引发洪水。"⑥ 田中正造预言："足尾铜矿厂对栃木县深山树木的砍伐，将会造成洪水次数增加和河流荒废的严重后果，在

<hr>

① 参见蒙培元《〈中庸〉的"参赞化育说"》，《泉州师范学院学报》2002年第5期。
② 参见夏显泽《天人合一与环境问题》，云南大学出版社，2006，第97~98页。
③ 参见夏显泽《天人合一与环境问题》，云南大学出版社，2006，第134页。
④ 田中正造全集编纂会编『田中正造全集』第五卷（論稿5），岩波書店，1980，第13頁。
⑤ 田中正造全集编纂会编『田中正造全集』第五卷（論稿5），岩波書店，1980，第6頁。
⑥ 田中正造全集编纂会编『田中正造全集』第五卷（論稿5），岩波書店，1980，第8頁。

此基础上还会导致工费与县债的增加以及田地荒废。"① 田中正造主张依照"自古以来清理污水必先清洁流水"的方法，立即停止足尾铜山厂生产，清洁水质和植树造林，恢复足尾铜山自然状态。

其二，反对"征服自然"的利根川水利工程，主张实行低水位水利工程。② 随着明治维新后的经济发展和科技进步，铁路运输逐渐取代河运，交通手段逐渐以铁路为主，河流的运输地位开始动摇。1896年日本颁布河川法，治理洪水的方式开始由低水工程向高水工程转变。田中正造主张"低水法"，依照自然地势，遵循水向山涧低处流淌的原理修建大坝，即用很高的堤防将两岸围住，利用河川往低处流的自然规律，在蛇形的下流中减弱河水的冲击力。他认为明治时期的水利工程"断绝山和岗直接的关联"，"忽视地势和天然的客观因素"。这种治水方法是破坏自然生态，不尊重自然规律的"创造性的治水"方法。他认为"治水不是要创造东西。治是遵循自然，让水向低处流淌，这才是治理的真理"。③ 田中正造预言："堤坝增高后，一旦决堤，水害程度就是过去的数倍。"④ "在经济极度不景气情况下可能会引发革命。"⑤ 正如田中正造所预言的那样，以利根川为代表的高水位工程也带来了巨额的经济损失。据福山和子统计，在 1873～1884 年的低水工程时期，平均每年的灾害损失金额是 4159000 日元；而到了向高水位

① 田中正造全集編纂会編『田中正造全集』第五卷（論稿 5），岩波書店，1980，第378 頁。

② 利根川是日本第二大河流。大熊孝在《利根川治水考》中考证，利根川自古开始常年变换河道。日本从幕末开始便进行利根川的治理工作。渡良濑川全长 110 公里，发源于日光中禅寺湖附近的足尾山，流经栃木、群马、埼玉三县，在埼玉县和利根川汇合。而修建利根川高水位堤坝，使被堵住的矿毒流回栃木、群马、埼玉三县，从而对沿岸村民造成不良影响。

③ 田中正造全集編纂会編『田中正造全集』第十二卷（日記 4），岩波書店，1978，第 426～432 頁。

④ 田中正造全集編纂会編『田中正造全集』第十一卷（日記 3），岩波書店，1979，第 589～590 頁。

⑤ 田中正造全集編纂会編『田中正造全集』第十七卷（書簡 4），岩波書店，1979，第 257～259 頁。

工程过渡的 1885 ~ 1896 年，则达到 28861000 日元；在 1897 ~ 1911 年高水位工程的全盛时期，年均损失金额则达到了 34409000 日元。[1] 对此，小松裕在《田中正造——未来思想人》中指出，明治政府是在利用土地的高度，以及受生产活动利益的影响而采取高水位水利工程。因为洪水并不是频繁发生，所以与近代的效率万能主义、利益至上主义相比，数十年一次的大洪水变得并不是很重要。[2]

田中正造主张的涵养水源和反对利根川工程两方面的根本准则是：依自然规律而治水。这与儒家的"天人合一"思想极为吻合。他主张依据自然地势治理水灾："治水的时候要热爱自然的地形和地势，以及热爱山川。地势是有关水势的法则，更何况还有地形，地势方面多少可以人为变更，地形则丝毫没有办法改变。"[3] 这是"天人合一"思想中要尊重客观的自然规律的体现。此外，田中正造反对因开山伐木而破坏自然生态，认为"伐木、开山，是破坏丘岗；埋没川谷，是用人力与大自然做抗争，这不是治水的原本意义"[4]，并警告"砍伐保护堤坝的自治林会让河水侵入，妨碍耕作者"[5]，"村庄的设置是大自然河川的结果，如果不测雨量就砍伐树木，将会造成洪水天然的水势改变过大，可能还会改变村庄"。[6]

第四节　田中正造环境保护思想的地位

环境保护思想是一种在批判近代的自然观基础上形成的超近代思

---

① 富山和子：『水と緑と土：伝統を捨てた社会の行方』，中央公論社，1974，第 16 ~ 17 頁。
② 小松裕：『田中正造：未来を紡ぐ思想人』，岩波書店，2013 - 07，第 135 ~ 163 頁。
③ 田中正造全集編纂会編『田中正造全集』第十二卷（日記 4），岩波書店，1978，第 426 ~ 432 頁。
④ 田中正造全集編纂会編『田中正造全集』第五卷（論稿 5），岩波書店，1980，第 16 頁。
⑤ 田中正造全集編纂会編『田中正造全集』第五卷（論稿 5），岩波書店，1980，第 106 頁。
⑥ 田中正造全集編纂会編『田中正造全集』第五卷（論稿 5），岩波書店，1980，第 106 頁。

想。从环境伦理学出发，环境保护思想是人类中心主义和自然中心主义对立而产生的"共生"理念模式。"共生"理念作为制约人类与自然以及人与人之间的关系准则，对现代社会的环境保护具有重要意义。日本的环境保护思想是在商品经济、资本主义近代化的发展过程中生成的，其产生之初与自然密切关联，与民众的生存危机这一社会问题紧密相连，是近代思想的萌芽。从此视角出发，田中正造的环境保护思想中的"共生"理念具有先驱性意义。①

日本自古以来就主张尊重自然、保护环境。日本最早的"环境保护对策"是伴随着日本农业从"粗放经营"向"精耕细作"转变开始的。17世纪初至18世纪初，日本历史上出现了空前的"垦荒"热。毁掉大面积的森林草地而扩大耕地面积，造成了水土流失。一旦降雨，沙土流入河沟，逐渐淤塞河流，继而造成泛滥，威胁农业生产和百姓生活。针对该问题，幕府于1666年发布《诸国山川定》的法令，规定"今后禁止挖掘草木的根"；"河流源头没有树木的地方，从今春开始赶快植树，保持水土不流失"；"从前在河滩里开垦的农田、种植的竹木芦草等以及今后进行的新建设，都不能侵占河床。禁止今后山里的一切烧荒活动"。② 由"粗放经营"向"精耕细作"转变这一点则是主要靠直接生产者——农民的勤劳和智慧。在制止"乱开发"以保护环境这一点上，民众和统治者的利益是一致的，因此并没有引发冲突。

步入近代，日本出现了经济发展和民众利益相冲突的情况。在16~17世纪中期的一百多年间，由于德川幕府推动了一系列的改革，日本社会的经济得到了很大的发展，耕地面积扩大了3倍。但是，新

---

① 梅雪芹等：《直面危机：社会发展与环境保护》，中国科学技术出版社，2014，第341页。
② 《诸国山川定》，日语原文为"諸国山川掟の令"，此处为笔者自译。该法令于1666年由当时的4名老中联名发布，此法令详细内容参见大石慎三郎『江戸時代』，中央公論社，1977，第60頁。

农田的开垦也带来了林草植被的破坏，使得自然灾害频发。经济的发展带来了城市人口的增加。日本人喜好酱汤，导致制造黄酱原料的大豆需求量猛增，许多山林被开发为种植大豆的农田。又因新农田和山地的开发，原来依靠野生植物的根茎叶及果实为生的野生动物的食物链发生了断裂，大批野猪窜入农田啃食庄稼，农户连年歉收。①

该时期，环境思想家们将自然看成一个整体，将人类看成自然整体的一部分。其代表人物是德川时代的思想家、哲学家、医生安藤昌益（1703～1762）。安藤昌益认为某些人"迷于利己""邪心之气"，使得天地间的和谐循环失常，灾害频发。安藤昌益认为天灾实际上是人的行为造成的，天灾即人灾。人类社会之所以自然灾害频发，人为灾害不断，完全是人们的不当行为所造成的。自然被人类的妄欲、邪气行为所害而失去常度，变得激怒而狂暴，大风、大雨、洪水、干旱、冷害、瘟疫等意想不到的灾害频发。②

随着人们对生态环境问题的关注，从20世纪70年代开始，安藤昌益的环境思想日益受到重视。安藤昌益被称为"生态学的先驱、日本最早的环境保护论者"。③ 安藤昌益的环境思想将天地、万物、人类视为"自然整体"，将人视为自然的一部分，主张以人与自然和谐为主题，人与自然遵循同一规律在运动。这种认识的理论基础是他的自然哲学。④

安藤昌益的环境思想是在其"天地"（宇宙）论等哲学思想基础上而形成。他主张人与自然的和谐发展，将自然和人的活动视为一个和谐的循环系统，认为天灾是人灾，并反对滥施开发矿产等活动。⑤

---

① 杜丽燕主编《中外人文精神研究》，中国大百科全书出版社，2008，第342～343页。

② 農山漁村文化協会編集『安藤昌益全集』第一卷，農山漁村文化協会，1981，第139頁。

③ 農山漁村文化協会編集『安藤昌益全集』第一卷，農山漁村文化協会，1981，第15～18頁。

④ 卞崇道主编《东方文化的现代承诺》，沈阳出版社，1997，第217～219页。

⑤ 王守华：《安藤昌益的环境思想及其哲学基础》，《日本问题研究》2013年第1期。

德川时代，安藤昌益所在的秋田藩中矿业是支柱产业之一，大规模地开发矿山破坏了森林植被、污染水源，影响到原有的农业生产和生活用水。另外，"采矿热"推动大量人口集中到城镇和矿区，使秋田藩人口急增。一时采矿者、投机冒险者、商人、工人、游手好闲者、赌徒、妓女等聚集，在社会中滋生了坏事、恶事，破坏了原有的社会秩序。[①] 安藤昌益将开采矿产带来的恶果归结为破坏环境、破坏社会、破坏人心：矿业开采带来的伐木，及矿渣对河水造成的污染，破坏了环境，扰乱了自然界正常秩序，是"对自然的极大犯罪"[②]；开矿破坏社会，以铜矿制成的金币流通，破坏了处于自然状态的原始共同体社会，开始了以金钱和财富将人分为上下、贵贱、贫富的阶级社会；开矿获得的利益刺激了人的欲望，扰乱了人心，并使善良的人性颠倒，"只追求利欲而不知人性"。[③]

安藤昌益出生于上层农民家庭，和田中正造有着相似的出身，二者的环境思想也有着相似之处。日本自古以来就崇尚尊重自然，这在日本民众宗教——富士讲信仰等方面都能体现出来。田中正造思想正是继承了日本民众宗教有关尊重自然的相关内容。信仰基督教后，他将基督教思想与儒学思想相结合形成了独特的环境保护思想。田中正造所在的幕末时期，已经出现了环境保护思想，其主要内容是以儒学（朱子学）影响下广阔存在的"天地"为基轴，田中正造的环境保护思想即在此基础上产生。值得关注的是，田中正造环境保护思想的进步性是继承了日本传统思想，并融入了西方的民主民权思想。在日本举国重视经济发展的同时，田中正造能从民众的根本利益出发，呼吁政府停止矿厂营业、提倡环境保护。他的这种"保护环境重于经济发展"的思想，在当时的历史条件下具有进步意义，也正因此被誉为

---

① 山口啓二：『幕藩制成立史の研究（歴史科学叢書）』，校倉書房，1974，第181頁。
② 農山漁村文化協会編集『安藤昌益全集』第八巻，農山漁村文化協会，1984，第139頁。
③ 農山漁村文化協会編集『安藤昌益全集』第八巻，農山漁村文化協会，1984，第144頁。

"日本反公害运动的先驱"。①

因为铜矿污染问题，足尾铜山从 1973 年开始闭山将近 40 年，1980 年被设立为矿坑观光遗址。如今，足尾铜山矿被视为日本近代化发源地，矿坑内电车也被视为明治维新后的近代化遗产代表。在足尾矿毒公害逐渐被人们淡忘之际，2011 年 3 月 11 日的"东日本大地震"使足尾铜山堆积场所堆积的矿渣表层崩坏。崩坏的矿渣掩埋了堆积场的铁道路盘，甚至一部分进入了渡良濑川的河道内。此次地震使得人们再次关注田中正造的环境保护思想，认为其环境保护思想对现代仍具有指导意义。田中正造的环境保护思想体现了其倡导人与自然"共生"的理念，即在尊重自然规律的基础上合理改造自然，发展经济。

小　结

综上所述，在殖产兴业政策下，日本开始发展近代资本主义工业。其中，以采铜矿为代表的采矿业得到了快速发展。但经济发展的同时带来了大气污染、土地破坏等公害问题，栃木县足尾铜矿造成的污染就是其中的典型例子之一。田中正造从第二届帝国议会开始关注足尾矿毒问题，并为解决该问题而奔走。政府做出废除谷中村决策后，田中正造入住谷中村，与当地人民一起反对政府废除谷中村的决定。在反对足尾矿毒运动中，他形成了基于"公共利益"的环境保护思想和从尊重自然角度出发的治水思想。田中正造的环境保护思想与民主思想相联系，将保护人权和捍卫宪法与保护环境思想相结合，在日本环境思想史中具有重要的地位。

---

① 梅雪芹等：《直面危机：社会发展与环境保护》，中国科学技术出版社，2014。

第四章　废除海陆军备论

——田中正造"真文明"思想之和平思想

　　田中正造和平思想是其"真文明"思想的重要组成部分之一，其所包含的小国论外交构想和废除世界海陆军备论等内容，对处理当今世界的一些国际纠纷和国家建立合理的外交政策等仍有重要的启示和意义。而田中正造并不是一开始就持有和平思想的，他也曾经有过赞成战争即主张"义战论"的时期，其和平思想是在否定了"义战论"以后而逐步形成的。在中日甲午战争的国权扩张氛围中，田中正造持"义战论"立场；而在日俄战争前田中正造与社会主义者一样持"非战论"立场，并最终在1908年提出了"废除海陆军备论"的"绝对非战论"思想。因此，要全面、完整地了解和把握田中正造的和平思想，就不能不提到其"义战论"。为此，本章将以中日甲午战争和日俄战争为背景，对田中正造这个时期的有关战争的思想和活动进行全面考察，分析其由"义战论"到"非战论"再到"绝对非战论"的变化原因，同时在阐述其和平思想内容的基础上，将其与同时期其他人的反战、和平思想进行比较分析，总结出其和平思想的特征。

第一节　田中正造和平思想的萌芽

　　田中正造在自由民权运动时期已意识到中日关系紧张，为此而发表了《开设国会乃当下之急务》①，主张赋予民权，扩张国权，抵抗"西力东渐"危机。田中正造 1882 年入立宪改进党后，坚持与立宪改进党章程一致的对外强硬态度，于中日甲午战争期间成为"义战论"主张者。此后，因足尾矿毒问题与所在政党产生分歧，发表了《关于不知亡国即为亡国之质问书》，退出立宪改进党，做出向天皇"直诉"的决定，并因此入狱。狱中田中正造接触到《圣经》，出狱后加入到"非战论"②阵营中，与社会党和基督教信徒们发起了针对日俄战争的反战和平运动。最终在日俄战争后，提出了"废除海陆军备论"③，成为主张"绝对非战论"的和平主义者。

田中正造和平思想的形成受足尾矿毒问题和基督教等因素影响，其周边的基督教及社会主义好友对其反战和平思想的形成也有着潜移默化的影响。本节以中日甲午战争和日俄战争为分节点，通过考察田中正造在两次战争中的活动，分析其和平思想形成的原因。

一 中日甲午战争的背景和日本社会舆论

中日甲午战争前，日本朝野受佩里来航后与西方列强签订不平等条约和清政府在鸦片战争中惨败事件的影响，产生了危机意识。④ 具体表现为以下两方面。

一方面，日本民众希望提高本国的国际地位，发起了以修改不平等条约为主要内容的自由民权运动；以植木枝盛为代表的民权家们主张扩张民权以保全国权。

随着资本主义工业的发展，欧美列强需要扩大海外市场和原料的

---

① 内容详见附录一。
② 本书所提及的"非战论"是指日俄战争期间，日本国内发起的针对"主战论"（开战论）而展开的反对战争的"非战论"。"绝对非战论"是指在反对日俄战争"非战论"的基础上的，反对一切战争的主张，属于反战和平思想内容范畴。
③ "废除海陆军备论"即田中正造提出的废除日本全部海陆军备的主张。
④ 关于条约改正前日本的国内状况，及日本有识之士面对亚洲入侵而产生的危机感，参见井上清『条约改正：明治の民族问题』，岩波书店，1955。

来源。英、法、美等国多次要求幕府恢复对外贸易，进行通商。虽然遭到幕府多次拒绝，但欧美列强并没有放弃。终于在1854年1月佩里打开日本门户，威迫日本与美签订《日美亲善条约》，开放伊豆的下田和北海道函馆等两处港口。此后，英、俄、荷等国按美国先例依次签订了《日英亲善条约》、《日俄亲善条约》、《日荷亲善条约》等不平等条约。安政三年（1856）9月，美总领事哈里斯威吓幕府，英法将乘侵略中国第二次鸦片战争之时前来日本。幕府只得与美国订立《日美条约》和《日美修商条约》（1858年8月19日）。接着幕府又与荷、俄、英、法依次签订了同样的通商条约，总称为"安政五国条约"。"安政五国条约"使日本结束了两百余年的锁国政治，日本进入半殖民地时期。当时日本还是封建小国，欧美资本主义国家以赤裸裸的武力方式强迫日本开国，把日本变成其市场和原料供应地。这些条约使西方列强对日本的殖民地掠夺合法化。根据条约内容，日本被迫接受关税制（关税由西方列强和日本协商决定），从而失去了保护本国工商业的关税自主权。日本被迫给予欧美资本主义国家以最惠国待遇，从此欧美资本主义国家有了共同鱼肉日本的工具，开始对日本实施经济掠夺，并施以政治枷锁。正如史学家吴廷璆所评价："安政条约"是强加给日本的绳索，其结果同1840年鸦片战争后中国所处的半殖民地状况相同。①

在"安政五国条约"的影响下，日本政府和民众希望扩张国权而提高本国的国际地位。明治政府方面，将修改不平等条约列为外交上的首要任务，积极扩张海军军备。民众方面也将修改不平等条约看成是国家需要完成的首要任务，自由民权家们并将其列为自由民权运动三大斗争口号之一。民权家们认为真正修改条约不能单靠明治政府，而必须依靠群众的力量。例如，民权家代表植木枝盛在《民权自由论》中就曾说过："不扩张民权就不能扩张国权、维持民族独立；专

---

① 吴廷璆：《日本史》，南开大学出版社，1994，第320～322页。

制政治使国灭亡以至卖国。""完成民权才能保全国权。"①

另一方面，中日两国围绕琉球和朝鲜半岛的归属问题发生了纠纷，关系日渐紧张。日本希望彻底打破长久以来的东亚朝贡体系，建立以日本为首的中日"亚洲共同体"，对抗"西力东渐"的局面。②

在中日关系日渐紧张的背景下，日本朝野针对清政府的大国威胁论也随之高涨，中国成为日本的假想敌，甚至激进的自由民权派成员也主张对清开战。1894年6月朝鲜政府因甲午农民战争（东学党起义），请求清政府派兵支援，日本在未收到朝鲜求援的情况下，就自行决定派兵，进而引发了中日甲午战争。

中日甲午战争期间，正值日本帝国初期日本帝国议会时期。如第三章所述，初期日本帝国议会期间，自由党和立宪改进党围绕"削减预算，民力休养"问题与"藩阀政府"进行了斗争。中日两国开战后，两党派宣布政治休战，对明治政府给予了全面协助。两党派对于中日甲午战争持有相似的观点，他们认为此战争是维护朝鲜独立的"文明对野蛮"的战争。他们在高唱"东亚制霸""维护东亚和平"的同时，基于对中国的畏惧，主张彻底打败清政府，并警惕中国日后进行复仇战争。立宪改进党在条约改正问题时期，与国会期成同盟会组成了"对外强硬派"③，主张在外交中持以强硬的态度。战争中，立宪改进党比自由党更具有强烈的激进色彩，他们主张攻破北京，彻底打败清朝，以防止中国东山再起中日甲午战争结束后，自由党和立宪

---

① 转引吴廷璆《日本史》，南开大学出版社，1994，第437页。
② 还有学者认为这与日本推行的"大陆政策"相关。如学者臧世俊在《甲午战争的国际背景》[《学术研究》1995年第6期]中认为，明治时代的政治家、思想家都十分关注世界各国的动向，政府亦多次派大型使节团出访，外交活动频繁，这就使得当时的日本朝野比较迅速地认识到资本主义向帝国主义转化过程中所可能出现的世界新格局，因而不愿放弃寻找机会，分享列强在东亚地区的既得利益。日本国内的征韩论、征台论和大陆政策一直在滋生蔓延，国权论甚嚣尘上。日本在向西方学习的过程中，为了很快加入从资本主义向帝国主义转化这一潮流和为了迅速进入列强争霸行列，制定了以中为敌的大陆政策，企图通过削弱清朝充实自己来争当东亚盟主；关于中日甲午战争时期的背景，本书主要参考王新生《日本简史》，北京大学出版社，2013。
③ "对外强硬派"，主要主张对外交往中使用强硬态度的外交政策，厉行条约改正。

改进党围绕《马关条约》的内容也持有不同的主张。自由党从国防方面考虑，不主张占领台湾。立宪改进党则相对激进，从防止"西力东渐"的角度出发，主张"南进论"。《马关条约》签订后，在俄国、德国与法国干涉下，日本被迫把辽东半岛还给中国。在俄德法最初干涉之际，自由党、立宪改进党对外国干涉抱有乐观态度。立宪改进党认为没有必要担心国际方面的干涉，立宪改进党员的代表尾崎行雄甚至认为万一出现国际干涉情况，诸国家利害关系不同，不会引起两国以上的干涉，通过外交即可解决这种情况。三国干涉还辽的结果给两党造成很大的冲击，当时日本国内的大部分知识分子也认为日本居于胜利国的地位，却遭受了战败国的待遇。[1]

二 反对国权扩张——中日甲午战争时期田中正造和平思想的萌芽

自由民权时期开始，田中正造产生了发展民权以扩张国权的思想。到了日本帝国议会时期，田中正造作为对外强硬派成员之一，支持政府扩张海军军备，并在中日甲午战争中成为"义战论"者，但渡良濑川的洪水让田中正造意识到国内的民权危机，开始反思中日甲午战争，产生了反对国权扩张的和平思想之萌芽。以下将分为三阶段，对此内容进行详细阐述。

第一阶段，自由民权时期。该阶段，田中正造作为民权家代表，在来自清政府和西方两方面的危机感影响下，主张发展民权以扩张国权。

1871～1876年田中正造因被怀疑杀害上司而被押入江刺县监狱，在狱中他接触到了西方启蒙思想。出狱后他开始关注国际关系，在自由民权运动时期，他意识到了日中关系紧张，并与当时的大部分日本

---

① 本书有关改进党和自由党的相关内容，本书主要参照了篠原一和三谷太一郎编著的『岡義武著作集』第六卷（国民的独立と国家理性）（岩波书店，1993）。

民众一样，产生了来自清政府和西方两方面的危机感。

其一，田中正造在日中关系愈加紧张的影响下，基于担忧和危机感而主张海外扩张。田中正造在担任安苏郡结合会会长时期，与同时期国权扩张者相似，主张海外扩张，例如他在安苏结合会（中节社）日志中将会旨总结如下。

　　我安苏郡团结会是下毛联合会结晶的一部分。本会的精神即以守护人民共同公爱为真理，以培养立国之本的实力为己任。扩张国权，担当辅佐帝国的义务，通过公议伸张兄弟舆论，对内坚固国家经济力，对外谋求平等交往的权利，以国体谨奉圣诏，以宪法来维持自由的权理，希望皇统能够永垂不朽，这正是我同胞要热爱团结之所在。①

由上可见，1880 年田中正造认为实现"全社会普及幸福"的民权目标的前提是"向海外扩张皇威"的国权扩张。此后田中正造意识到日中关系紧张，"国难"将近，他在《开设国会乃当下之务急务》中进一步表达了自己的担忧。

　　听闻今日支两国间产生一大纠纷。此传闻屡屡入余辈之耳。若此传闻属实，若吾国真有此事，如此萎靡之国家如何驱使无魄力之国民迎战？此可谓大难之至也。②

田中正造所说的"日支两国间产生一大纠纷"，即日中在琉球的归属权方面的矛盾。对此，田中正造主张"开设国会，赋予人民参政权"，激起日本民众"忠邦爱国之志气"，以使"举国上下一致，精神

---

① 田中正造全集编纂会编『田中正造全集』第一卷（自传、論稿 1），岩波書店，1977，第 353～354 頁。
② 请参见附录 1《开设国会乃当下之急务》。

团结，兴盛萎靡国力"，解除"外寇（清政府——引者注）入侵燃眉之急"。①

其二，对"西力东渐"，田中正造也抱有一种危机感，并开始关注国际局势。从中英鸦片战争中，田中正造产生了一种西方列强危害日本民族独立的危机意识。与明治政府一样，田中正造将日、中、朝三国视为与西方相对峙的"亚洲共同体"，并将日本与俄土战争关联到一起，开始关注国际关系及局势。例如，他在给国府义胤的书信中写道：

> ……近代我国扩大外交范围。而洋人辱我国，甚至施以谋取我国之狡猾计谋。如果已签订条约难以保证我国之独立，则虽有法律却不足以保全我国与国外对决之独立。若一旦外交有过失，我国与他国（清政府和朝鲜——引者注）则遭遇灾难，他们（西方各国——引者注）必会迫近我国，而使我国遇难，如果出现不得已而与洋奴（西方各国——引者注）交战的情况，出现今绅士和妇女所为之情况，则青年又会有何作为呢？②

> 西南战争尚未告一段落。……外有俄土战争的影响，财政方面暂且不说，国家的有志之士将会有何作为呢？……③

第二阶段，第一届日本帝国议会召开至中日甲午战争结束。该阶段，田中正造作为"硬六派"成员之一，积极支持日本向海外扩张，并在中日甲午战争期间成为"义战论"一员。

日本帝国议会召开后，田中正造作为立宪改进党员，参加了众议

---

① 田中正造全集编纂会编『田中正造全集』第一卷（自伝、論稿1），岩波書店，1977，第 339～340 頁。

② 田中正造全集编纂会编『田中正造全集』第十四卷（書簡1），岩波書店，1978，第 30 頁。

③ 田中正造全集编纂会编『田中正造全集』第十四卷（書簡1），岩波書店，1978，第 12 頁。

院议会。足尾矿毒问题在第二届日本帝国议会中被提出后，政府采取了五年和谈的解决方式。在此期间，田中正造在日本帝国议会的发言数量明显减少，批判矛头转向政府的不正行为等问题，甚至在中日甲午战争期间的第七届日本帝国议会上只发表了一次演讲，与在其他日本帝国议会期间的演讲数量形成了鲜明对比。从演讲内容上看，田中正造与当时的"义战论"者们保持着相似的基调，与立宪改进党派主张一致，支持日本增加临时军费和海外扩张。这具体表现在以下两方面。

第一，田中正造主张"内治为主，支持海外扩张"，这与立宪改进党1882年3月提出的"以内治改良为主，扩展到国权扩张"的主张一致。

在当时日本民族主义氛围影响下，他的中日甲午战争观带有国权扩张色彩，具有立宪改进党坚持的"义战论"特征。在他"文明与野蛮"的"战争构图"中，中国是缺少文明思想的国家，而日本是"文明进步"国家。例如，他曾写道：

> 支那①为古国，所以即使是奸诈之才也是文明的国度。日本磊落正直充满活力，不奸诈，简直是太古时代的国家。日本是尧舜之民，不要教导出奸诈之人，也不可学习奸诈之术。②

> 支那缺少爱国心，没有国家主义，是堕落之国。该国人心腐败，缺少等级秩序，缺乏文明思想。③

在此"战争构图"的影响下，他对于中日甲午战争的相关评价具有日本民族优越感和对中朝两国的蔑视，他认为"朝鲜是赤子，支那

---

① "支那"一词为当时日本惯用词，为保留并尊重原文，笔者在翻译时不做修改，下同。
② 田中正造全集编纂会编『田中正造全集』第九卷（日記1），岩波書店，1977，第391页。
③ 田中正造全集编纂会编『田中正造全集』第九卷（日記1），岩波書店，1977，第391页。

是狼，应该讨伐支那。如果有仲裁的话就拒绝好了"①，还认为清朝士兵是"盗贼无赖之徒"②，而日本士兵是"良家子弟"③，提出"要用我们的文明代替他们的野蛮"④，将中日甲午战争看成是中国"文明的进运"，是"文明之战"⑤。

中日甲午战争开战后，一方面，他与当时的"爱国人士"相似，热衷于战争。他持有与立宪改进党的激进主张，他认为应该攻破北京，彻底打败清朝，例如他提出"既然事已至此，就攻下北京缔结城下之盟"⑥的言论。另一方面，与同党派成员相比，田中正造更关注治内改良和日本帝国议会中不正行为等问题。他坚持与立宪改进党一致的"内治为主"的方针，"无论什么，都要内治改良为主，且以恢复到国权扩张之前状况为前提"。⑦ 他认为国家政策应该遵循民意，而"内治的和平是尊重民意所望"⑧，扩张国权之前首先要进行"内治"⑨，提出"远大的和平（征服中国换来的和平——引者注）不是现在的和平"⑩；并断言忽视内治改良问题，必会影响未来的国权扩张，影响安定民生。⑪ 从此视角出发，他反对日本积极参加军事竞赛进行军扩的行为，认为日本的海军军备扩张程度与英国相当即可⑫；甚至认为日

---

① 田中正造全集编纂会编『田中正造全集』第二卷（論稿2），岩波書店，1978，第164頁。
② 田中正造全集编纂会编『田中正造全集』第九卷（日記1），岩波書店，1977，第415頁。
③ 田中正造全集编纂会编『田中正造全集』第九卷（日記1），岩波書店，1977，第415頁。
④ 田中正造全集编纂会编『田中正造全集』第二卷（論稿2），岩波書店，1978，第190頁。
⑤ 田中正造全集编纂会编『田中正造全集』第九卷（日記1），岩波書店，1977，第602頁。
⑥ 田中正造全集编纂会编『田中正造全集』第二卷（論稿2），岩波書店，1978，第158～159頁。
⑦ 田中正造全集编纂会编『田中正造全集』第二卷（論稿2），岩波書店，1978，第158頁。
⑧ 田中正造全集编纂会编『田中正造全集』第二卷（論稿2），岩波書店，1978，第161頁。
⑨ 如前所述，田中正造从第二届日本帝国议会开始关注足尾矿毒问题，但初期议会期间主要致力于主张"民力休养、节俭政费"。因此笔者认为，田中正造此处的治内内容一方面是足尾矿毒等社会问题，另一方面指明治政府内部腐败问题。
⑩ 田中正造全集编纂会编『田中正造全集』第二卷（論稿2），岩波書店，1978，第158頁。括号内容为笔者自加
⑪ 田中正造全集编纂会编『田中正造全集』第二卷（論稿2），岩波書店，1978，第306頁。
⑫ 田中正造还指出："海军扩张的程度，多于英国的话，应该中止。"参见 田中正造全集编纂会编『田中正造全集』第九卷（日記1），岩波書店，1977，第464頁。

本对清政府发动中日甲午战争的动机是政治陷于窘境的明治政府转嫁危机于军事的手段。

第二，田中正造坚持与"硬六派"①一致的对外强硬主张。

1893 年第五届日本帝国议会中，"硬六派"围绕修改条约谈判，强硬主张立即修改条约，签订对等条约，谴责政府的软弱外交。在此期间，立宪改进党主张对外扩张吞并朝鲜。在第六届日本帝国议会上，"硬六派"占据了多数席位。随着日清关系的紧张，对外强硬派将矛头转向中国，主张向中国扩张。

在 1894 年 10 月 10 日、14 日于神户市召开的立宪改进党政坛演讲会和第七届日本帝国议会上，田中正造发表了支持和赞成军备扩张的演说，并表示"基本上赞同、协助增加临时军费预算案"。②

他从对外强硬派的角度，支持明治政府扩充海军和军备，发表了"无兵备则无外交。日本兵备不足，责任论者（日本政府——引者注）也应赞成军备扩张"③、"田中正造来造军舰"④ 等言论。他认为"三国干涉还辽"是外交的失败，是日本的耻辱，并将这归结为日本政府内部的腐败和政府所推行的怀柔外交态度的结果："自由党倒戈，令人遗憾，国民的意旨已经表明。我辈之举动是名誉之失败。"⑤

第三阶段，中日甲午战争后至日俄战争前夕。该阶段，田中正造开始反思扩张国权带来的恶果。中日甲午战争虽以日本胜利告终，"胜利的果实"却显然不像想象中那么甜美。日本国内出现了动员民众去战场和军工厂，或者是为了军备扩张增加租税等方面而带来一系列社会问题，尤其是日本国扩张军备、增加税收，提高物价成为当时

---

① 1890 年，提倡对外强论，坚持对外强硬路线的国家主义，国粹主义的六党联合组织，简称"对外硬六派"。中日甲午战争前，日本对修改条约谈判主张强硬外交的六个党派（立宪改进党、国民协会、"大日本"协会、同志俱乐部、同盟俱乐部和政务调查会）亦称对外强硬派。

② 田中正造全集编纂会编『田中正造全集』第九卷（日记 1），岩波书店，1977，第 470 页。

③ 田中正造全集编纂会编『田中正造全集』第九卷（日记 1），岩波书店，1977，第 470 页。

④ 田中正造全集编纂会编『田中正造全集』第九卷（日记 1），岩波书店，1977，第 416 页。

⑤ 田中正造全集编纂会编『田中正造全集』第九卷（日记 1），岩波书店，1977，第 528 页。

劳动者陷入穷困处境的根源，这些严重的社会问题不仅引起了当时一些社会主义者如安部矶雄、片山潜、幸德秋水、木下尚江等人的关注，也使田中正造的"国家观"发生了改变。尤其是 1896 年，渡良濑川流域暴发了三次洪水①，矿毒问题复发，农民因此大举进京请愿，爆发了著名的川俣事件，请愿活动遭到宪兵镇压，甚至出现了死伤的情况。川俣事件引发了明治社会舆论的关注，也使田中正造终于意识到足尾矿毒问题是政府对人民不负责行为的表现，是"一国之大问题"②，他还批判政府对足尾矿毒问题的搁置及民众财产生命权无法得到宪法保护的社会现状，意识到从自由民权运动开始一直主张建立的民权受到了危机，产生了"亡国"意识。他在给友人的信中写道："敬启者：我国早已濒临亡国，死神即将来临，此话错已。""其实，我国早已亡矣。"③

田中正造开始反思中日甲午战争带来的结果，反对国权扩张，反对继续海外扩张，出现了基于反对战争的和平思想萌芽。

中日甲午战争后签订的《马关条约》进一步暴露了日本发动战争的野心，"义战"变味成疯狂的军备扩张。对此，田中正造直言批判为"扩张国权之前首先应该要进行'内治'"④，故田中正造反对日本积极参加军事竞赛进行军扩的行为，认为日本的海军军备扩张程度与英国相当即可⑤，甚至认为日本对清政府发动中日甲午战争的动机是政治陷于窘地的明治政府转嫁危机于军事的手段，开始萌生基于反对

---

① 1896 年发生的三次洪水时间分别是：7 月 21 日、8 月 17 和 9 月 8 日。
② 田中正造全集编纂会编『田中正造全集』第十四卷（書簡 1），岩波書店，1978，第451 頁。
③ 田中正造全集编纂会编『田中正造全集』第十五卷（書簡 2），岩波書店，1978，第124 頁。
④ 田中正造从第二届日本帝国议会开始关注足尾矿毒问题，但初期议会期间主要致力于主张"民力休养、节俭政费"。因此笔者认为，田中正造此处的治内内容一方面是足尾矿毒等社会问题，另一方面指明治政府内部腐败问题。
⑤ 田中正造全集编纂会编『田中正造全集』第九卷（日記 1），岩波書店，1977，第464 頁。

战争的和平思想。

第二节　和平思想的形成：日俄战争时期
田中正造的"非战论"

一　日俄战争的背景和日本社会舆论

明治维新以来，日本奉行欲控制朝鲜及满蒙以实现其征服亚洲乃至世界的大陆政策。俄国在远东奉行的霸权主义政策与日本的大陆政策发生了冲突而使日俄矛盾日趋尖锐，并最终导致了日俄战争。日俄两国的矛盾具体表现在以下两方面。

其一，自15世纪以来，俄国便成为横跨亚欧的封建殖民大帝国。因近东和美洲地区的失利，19世纪之后俄国加强了其在远东地区的扩张。而日本在中日甲午战争中获胜后强迫清政府割辽东半岛，便威胁到了俄国在远东的霸权地位。在此情况下，俄国联合德国与法国进行干涉而将辽东半岛归还给中国。对此，我国学者王仲涛，汤重南曾指出，当时日本已经开始具有垄断资本主义一般特点，且具有"确立和发展是建立在不断对外侵略扩张的基础之上"的自身特点，在此情况下的日本对俄、德、法三国干涉还辽一直怀恨在心，提出"卧薪尝胆"口号，并积极准备对俄国开战。①

其二，甲午战争后，中国成为列强发展资本主义的原料产地和商品市场。他们在中国掠夺物资，使得中国自给自足的自然经济受到冲击。中国民众发起了反帝武装的义和团运动。俄国以镇压为名将部队驻扎中国东北地区，引起英、美、日不满，被迫签订了《满洲撤军协议》。俄国在完成第一次撤军后，延期了协议中的第二次撤军，日俄

---

① 王仲涛，汤重南著：《日本近现代史（现代卷）》，现代出版社，2016，第35~36页。

关系进一步紧张。①

与此同时，紧张的日俄关系加深了日本民众对来自俄国的威胁感，使得"开战论"在日本国内一时高涨。当时，不仅日本的主流报纸在舆论上对日本发动战争表示支持，大部分知识分子也纷纷表示响应，他们认为俄国侵犯了人道和正义，对日本而言具有危险性，将此战争视为正义之战。1903 年 8 月近卫笃麿建立了对俄同志会，该会以日本进步党和右翼指导者为主要成员，他们鞭挞政府的软弱，要求对俄采取强硬政策，开展国民运动。东京大学为中心的七位博士甚至引发了"七博士事件"②，鼓噪对俄宣战。③

在这种背景下，"开战论"成为日本国内的主流声音。日本最终于 1904 年 2 月 10 日对俄宣战，为了使发动战争的动机具有合法性，与中日甲午战争相似，日本将此次战争解释成"为文明而战"。明治天皇在"对俄宣战诏敕"中将日俄战争的原因归结为："若满洲归俄国领有，则韩国保全无由维持，远东之和平亦不可望。故朕际此时机切望由妥协而解决时局，以维持和平于恒久。"并声称对俄宣战是："唯求文明于和平，加深与各列国之友谊，以维持东洋治安于永久，不损害各国之权利利益，而永久保障将来帝国之安全事态，此乃朕夙视为国交之要义。"④ 日本设立日本帝国议会初期，议会机能并不完备，国民不仅无法左右国家的政策决定，甚至对于政府的决策也知之不详，民众大部分持有与官方相同的态度也就不足为奇。当时不仅日本的主流报纸在舆论上对日本发动战争表示支持，大部分知识分子也

---

① 清水靖久：『野生の信徒木卜尚江』，九州人学出版会，2002，第 205 页。
② 1903 年 6 月，户水宽人、富井政章、金井延、寺尾亨、中村进午、高桥作卫和小野琢喜平次七名博十向第一次桂太郎内阁，提出《关于满洲问题的七博士意见书》，反对满韩交换论和俄国独据"满洲"，抨击内阁对俄国作战态度不坚决，行动不果断，并通过新闻媒介进行游说活动，鼓噪对俄一战。详细内容请参见孙广来主编《世界百年风云纪实》第 1 辑，内蒙古人民出版社，2006，第 33 页。
③ 清水靖久：『野生の信徒木下尚江』，九州大学出版会，2002，第 207 ~ 208 页。
④ 『日露両国宣戦布告一件』，JACAR（アジア歴史資料センター），B07090550400，军事/战争/開戦，第 35 ~ 36 页。

纷纷表示响应，他们认为俄国侵犯了人道和正义，对日本而言具有危险性，将此战争视为"正义之战"。①

日俄战争历时一年半之久，日本政府支出了巨额军事费用，为了填补日俄战争中的财政赤字，政府采用了在国内发行债券和增加民众赋税两种办法。据统计，日本在国内发行了约 18 亿 8000 万日元的债券，相当于中日甲午战争期间发行量的 13 倍。②

在"开战论"高涨的同时，日本朝野也出现了反对开战的"非战论"。政界的"非战论"以谷干城为代表，虽然并非客观分析当时日俄关系局势，但是认为日本对俄战争是"暴虎冯河"之举，反对俄国威胁论，并反对日俄战争，他认为俄国因有巨额外债将无法承担军费开支，俄国缺少进攻日本的国际舆论支持，西伯利亚铁路不方便运输战争物资，并非存在进攻日本的决心。③

日本民众中的"非战论"以社会主义者和基督教徒为主，他们不仅以《平民新闻》和《万朝报》④为基地发表反战言论，还发动了反战运动，其代表人物有幸德秋水、内村鉴三等。而这些民间反战论的出现也是有着一定时代背景的。

19 世纪 80 年代前后，日本开始放弃全盘欧化的政策，利用传统的价值观念培养忠君爱国思想。文部省制定以忠君爱国精神为目的的方针，从小学到大学系统地灌输民族主义和天皇中心主义思想。发展到日俄战争前，日本国内的军国主义色彩更加浓厚，日本政府在民众间宣传"舍命为国效力"的光荣感，将战争中的士兵阵亡赞誉为"名誉之死"，将逃避的民众称之为"非国民"，指责其"有损国民颜面"。在强大的精神压力下，人们无法专心工作。在此背景下，幸德秋水等

---

① 清水靖久：『野生の信徒木下尚江』，九州大学出版会，2002，第 207～206 页。
② 日露戦争と一般民衆．http：//www.tosyokan.pref.shizuoka.jp/data/open/cnt/3/50/6/ssr4 - 55.pdf．最后访问时间 2018 年 12 月 3 日。
③ 家永三郎：『日本に於ける反戦思想の歴史』，『日本歴史』，1950，第 2～10 页。
④ 遗憾的是，该报纸在日俄开战前，转为支持对俄宣战的"开战论"。

人从影响生产为出发点，批判了战争的非正义性，木下尚江和柏木义圆等基督教徒还从基督教义出发，批判战争的非人道性。[1]

与中日甲午战争时期相比，日俄战争期间的日本民间的反战论呼声更高一些。中日甲午战争时期，日本民众将中日甲午战争看成"解放朝鲜"的战争，甚至以内村鉴三为代表的很多基督教徒也开始支持战争。[2] 而到了日俄战争时期，国家发动战争带来的巨额财政赤字、劳动者无心工作，以及初期日本帝国议会期间政府同民众间的矛盾激化，使得社会问题凸显，也使厌战论和反战论呼声高涨。[3]

日俄战争结束，日本天皇的权威得到加强日本军部的权力进一步膨胀，对政治的控制进一步加强，为日本发动更大规模的侵略战争提供了条件。

二 民权重于国权——日俄战争时期田中正造和平思想的形成

田中正造产生和平思想萌芽后，进一步在日本帝国议会中提出《关于不知亡国即为亡国之质问书》，强调民权的重要性，呼吁停止扩张国权关注国内问题（足尾矿毒问题）。[4] 此后，他辞去了议员职务，并做出了向天皇直诉的决定，最终也因此入狱 14 天。在狱中，他阅读了《圣经》，吸取了无抵抗主义等基督教义，提出了废除海陆军备论。后来，他如此回忆道：

> 关于世界海陆军备全废论。正造与神的接触，是明治三十五年入狱四十一日的时候。在入狱期间，我通读了圣书，确信不可

---

① 井口和起：《日俄战争的时代》，何源湖译，玉山社，2012，第 53～81 页。

② 但基督教徒中也有如木下尚江等少数反战的声音，日本民众中也存在着如西村茂树等少数消极迎战人士。

③ 清水靖久：『野生の信徒木下尚江』，九州大学出版会，2002，第 268～269 页。

④ 田中正造全集编纂会编『田中正造全集』第四卷（論稿4），岩波书店，1978，第 280～304 頁。

让军备存在，我在静冈、东京、栃木一府二县内做了五次同一内容的确信演讲（明治36年7月～明治41年——引者注）①

田中正造从中日甲午战争时期的"义战论"到日俄战争时期的"绝对主义非战论"的态度转变，大致经历了以下三个阶段。

第一阶段，渡良濑川洪水引起足尾矿毒问题复发，面对川俣事件中的宪兵镇压农民情况，田中正造认为这是明治政府热衷于战争而忽视"治内"问题的结果，于是他开始反思战争带来的结果。田中正造认为足尾矿毒问题，不仅仅是环境问题，更是政党、日本帝国议会腐败问题的表象。他认为这是政府对人民不负责行为的表现，认为这是"一国之大问题"，进而持有"足尾矿毒问题比归还辽东问题更重要"的态度。② 但是，田中正造的同党政友们对足尾矿毒问题表现冷淡，他在1896年9月5日的日记中写道：

前年（1896年——引者注）11月，志贺重昂曾在东京进步党事务所给予我忠告，曰，现国内有大问题，不可纠结忙碌于如足尾矿毒问题一样的局部事情上。我回答道，我的兄弟终其一生为父亲报仇，左仓宗五郎也为人民牺牲，更何况是现在像足尾矿毒一样的问题，因足尾矿毒三十万人民和四万町土地蒙受其害，这绝不是区区小问题。③

第二阶段，田中正造深入了解了基督教。在与基督教徒的交往方面，早在小中村任职栃木县议员时期田中正造已经接触了基督教，但

---

① 田中正造全集編纂会編『田中正造全集』第十三卷（日記5），岩波書店，1977，第452頁。
② 田中正造全集編纂会編『田中正造全集』第十四卷（書簡1），岩波書店，1978，第451頁。
③ 田中正造全集編纂会編『田中正造全集』第十卷（日記2），岩波書店，1978，第12頁。

是并未阅读《圣经》，了解基督教义。1901 年 9 月田中正造与基督教徒新井奥邃结识。此后，在日俄战争前，田中正造与作为基督教徒的新井奥邃、木下尚江（同时也是社会主义者）、内村鉴三交往密切，并通过对基督教义的深入解读，吸收了基督教中的"爱敌"思想，为其主张废除世界全部海陆军备的"绝对非战论"打下了思想基础。

第三阶段，通过与社会主义者的接触，最终形成和平思想。足尾矿毒问题作为明治时期的重要社会问题，同样得到了社会主义活动家的关注。① 平民社成员幸德秋水、木下尚江等人都为推进足尾矿毒问题的解决起到了积极作用。在解决足尾矿毒问题的过程中，田中正造也受他们的影响，成为"非战论"者。

1900 年 2 月，田中正造与木下尚江在《每日新闻》拔社首次见面，木下尚江为了给予田中正造舆论方面的帮助，发表了长篇小说《足尾矿毒》。1901 年 12 月 12 日，幸德秋水与田中正造在《万朝报》相识，此后，在田中正造准备直诉时，他帮助田中正造修改了直诉书，并在同日发表文章《臣民之请愿书（关于田中正造直诉事件）》赞扬田中正造此行为是为民众利益而请愿的义举。② 同时，田中正造也对社会主义者的"解救民众"的主张表示赞同，例如在幸德秋水发表《社会主义神髓》时，田中正造在日记中对其给予了肯定。此外，1902 年 1 月 12 日，木下尚江与幸德秋水在田中正造所在的佐野市万座地区发表演讲；1903 年 2 月 12 日，田中正造在静冈县挂川县发表包含废除世界海陆军备内容的"非战论"演讲。③ 1906 年 4 月 27 日、28 日，田中正造还与社会主义者一起进行了"非战论"演讲。

随着日俄战争推进，田中正造在确定了"非战论"的和平主张基

① 此方面对田中正造影响最大的好友是木下尚江和幸德秋水，他们在解决足尾矿毒问题方面给与田中正造很大的帮助。1900 年 2 月田中正造与木下尚江在《每日新闻》报社首次碰面，6 月 18 日木下尚江发表《足尾矿毒问题》。田中正造 1901 年与新井奥邃首次碰面。1902 年 2 月 1 月 12 日田中正造与木下尚江、幸德秋水等人在其出身所在地佐野发表演讲。
② 幸德秋水全集编纂会编『幸德秋水全集』第三卷，明治文献，1968，第 372 ~ 376 页。
③ 田中正造全集编纂会编『田中正造全集』第十卷（日记 2），岩波书店，1978，第 547 页。

础上，随着日俄战争的推进，不断完善自己的和平思想。

在日俄战争前，田中正造始终保持与"非战论"相同的基调，他反对继续军扩，希望政府把注意力从海外扩张转移到内治问题，他从两方面出发，反对"开战论"。一方面，他通过反思战争后果给予日本政府正面警告，批判战争耗费物资财力；另一方面批判政府内部腐败，他感叹中日甲午战争带来的经济损失，批判战争后日本政府沉浸在"荣誉爵禄"的"不正之风"中，认为政府这样的作为将会失去民心。①

日俄开战后，"非战论"的失败已成事实，于是他进一步公开发表言论称："田中正造现在是非战论者，越来越是绝对非战论者。"②"小生的主义是无战论主义，希望世界各国废除全部海陆军备。"③ 田中正造警告日本民众和政府不要忽视足尾矿毒问题，不要任凭古河市兵卫等资本家趁战争之际继续滥伐森林开采矿山。④ 除了本国视角，田中正造还从战争双方的民众立场出发，认为战争只会让政治家获利，受伤害的是两国民众。⑤ 与此同时，田中正造开始反思中日甲午战争，他同情战争中中国民众的遭遇，感叹对于开战国的国民来说只是的战争，但是对中国东北地区的居民来说则是杀戮的战争。⑥

在日俄战争结束后的海牙万国和平会议期间，田中正造建议日本有责任和义务趁战胜之机，提出废除全部海陆军备的主张，并于1908

---

① 田中正造全集编纂会编『田中正造全集』第九卷（日记1），岩波书店，1977，第553页。
② 田中正造全集编纂会编『田中正造全集』第十六卷（书简3），岩波书店，1979，第174页。
③ 田中正造全集编纂会编『田中正造全集』第十六卷（书简3），岩波书店，1979，第246页。
④ 田中正造全集编纂会编『田中正造全集』第十六卷（书简3），岩波书店，1979，第174页。
⑤ 田中正造全集编纂会编『田中正造全集』第十六卷（书简3），岩波书店，1979，第243～246页。
⑥ 田中正造全集编纂会编『田中正造全集』第十六卷（书简3），岩波书店，1979，第282～317页。

年 4 月 5 日在《新生活》发表了题为"废除海陆军备"的谈话，进一步论述了该主张。① 同年 5 月 2 日，田中正造在神田基督教青年会馆发表了题为《谷中村军备停止论》的演讲，最终确立了"废除世界海陆军备"的绝对非战论的主张。该提议在当时并未被采用，日本在二战中也为此遭到了惨痛教训。田中正造也因提出该主张，被当今学者誉为"宪法九条"的"先驱者"。②

第三节　田中正造和平思想的主要内涵

足尾矿毒问题是明治时期的首要社会问题，田中正造的和平思想随着足尾矿毒问题的进展，以及与基督教的接触而发展变化，田中正造可以说是明治时期民众和平思想的代表性人物，也是推广及实现这种思想主张的主要人物。田中正造的和平思想是由多种思想融合而来，其主要表现为以下三个方面：坚持内治改良为首要任务；从人道主义精神出发，同情战争中的受难民众；秉承"小国论"进行对外交往。

一　坚持内治改良为主，反对对外扩张

儒学中的"君主仁政"思想是凝聚民心的一种重要文化资源，以情感人、以政惠民、以教化民等重民措施是仁政所以能够凝聚民心的原因所在。③ 田中正造青少年时期受到儒学熏陶，从本书第二章思想渊源中所论述的六角家骚乱可以看到，田中正造思想中亦具有"君主仁政"思想，他渴望君主实施仁政，并认为只有施行"仁政"才能举

---

① 田中正造全集编纂会编『田中正造全集』第四卷（論稿 4），岩波書店，1979，第 603 页。
② 山室信一著，许仁硕译. 宪法九条：非战思想的水脉与脆弱的和平，八旗文化、远足文化，2017。
③ 张铁勇：《试论儒家的仁政凝民之术》，《学术交流》2004 年第 1 期。

国一致，他将君主施行"仁政"的方式理解为自由民权时期给予人民权利，以及中日甲午战争和日俄战争时期的"国家内部治理"优先于"对外扩张"。受此影响，田中正造始终坚持以治内改良为首要任务，即最大限度地维护民众权利，并以民众的实际利益为治国标准。例如，他在中日甲午战争期间坚持"节俭政费，休养民力"，日俄战争期间提出"谷中问题是首要问题"。尤其是在日俄战争期间，田中正造更是将战争和矿毒结合在一起进行了评论，他在坚持国内问题大于对外问题，认为在对俄问题面前，足尾矿毒问题更重要。在于日俄战争前夕邮寄给原田定助的信中，田中正造曾写道："日俄之事，不是重要之事。国内自取灭亡之举才是大事。"① 因此，田中正造将足尾矿毒问题看成是日本发动对外战争的弊害之一，并反对对外扩张。具体表现为以下两方面。

其一，中日甲午战争中，日本虽然通过《马关条约》侵占我国台湾与所属各岛及澎湖列岛等领地，但因未及时处理足尾矿毒问题，矿毒受害土地面积扩大。他认为这是用"日本自古以来独一无二的沃土"交换了"台湾等新领土"，是用忽视国内"内治"问题换取战争胜利的殖民地，并进一步指出中日甲午战争获得殖民地之事与足尾矿毒问题导致日本民众颠沛流离相比，二者得失并不可相抵消，因此反对日本进行对外扩张。②

其二，田中正造认为日本发动战争，而使古河市兵卫等人"借军国名义，引多端国事"，因此呼吁停止对外扩张，恢复国力。③ 例如他曾指出，古河市兵卫趁日本发动中日甲午战争之际，盗伐足尾铜山林木，导致1896年暴发特大洪水，并趁日本国民心系日俄战争之际继续

---

① 田中正造全集编纂会编『田中正造全集』第十六卷（書簡3），岩波書店，1979，第94頁。
② 田中正造全集编纂会编『田中正造全集』第十六卷（書簡3），岩波書店，1979，第162頁。
③ 田中正造全集编纂会编『田中正造全集』第十六卷（書簡3），岩波書店，1979，第158頁。

乱伐利根郡山林。① 因此，他警示日本政府，如不及时制止矿毒问题，将会遗留于后代，终将酿成百年之悔恨，更丧失国力。②

二 从人道主义精神出发，同情战争中的受难民众

基督教是培育人道主义最有力的依据，基督教信仰是充分的精神支柱，给予反战思想以辩证的理论，基督教义中的"爱敌"思想，具有"博爱"含义，是同等人之间的爱，是没有任何等级差距可遵循的人与人之间的关爱。这种"博爱"是一种普遍意义上的人类之爱，"它是一切其他形式的爱的基础"，是对所有人的一种爱意的责任感，由这种责任感而引发对所有人付诸关心、尊重和了解。基督教范畴的人道主义精神，是以上帝的名义对人类进行关爱，包括伦理建构和神性启示两种内涵。其共同之处在于都是以上帝的名义关怀人，以促进道德完善为己任。而区别在于前者只是一种道德理想主义，后者所体现的爱不是一种形而上学的伦理学建构，而是源于人悲剧性处境的先验设定和人有限性的体现的一种神性启示，它所追求的目标是具有生存价值论意义的人性提升与超越。但是从人道主义出发的反战论不仅仅是基督教的立场，更是热爱国民的自然性情。③田中正造的人道主义即是如此。它既包含基督教的"爱敌"思想，也具有热爱国民的自然性情。

日俄战争中，日本伤亡惨重。据田中正造统计，战争中战死和病死人数总计 116820 人，战伤、外伤和病患总计 439565 人。④ 在如此伤

① 田中正造曾指出："今兵军海外，人心也系国外，他们趁此机会又着手来盗伐山林。"参见田中正造全集编纂会编『田中正造全集』第十六卷（書簡 3），岩波书店，1979，第 163 頁。
② 田中正造曾指出："不允许片刻踌躇，若犹豫被恶魔吞噬的话会成为百年悔恨，问题会遗留给子孙。"（田中正造全集编纂会编『田中正浩全集』第十六卷（書簡 3），岩波书店，1979，第 157 頁。）并指出："如果不加以制止，将会永远丧失国力。"（田中正造全集编纂会编『田中正造全集』第十六卷（書簡 3），岩波书店，1979，第 67 ~ 70 頁。）
③ 肖四新：《伦理建构与神性启示——论十九世纪西方文学中基督教人道主义的内涵》，《三峡大学学报》（人文社会科学版）2003 年第 4 期。
④ 田中正造全集编纂会编『田中正造全集』第二卷（論稿 2），岩波书店，1978，第 604 頁。

亡惨重的情况下，田中正造从对热爱国民的自然性情和基督教的"爱敌"思想出发，同情出征负伤士兵，斥责国内对他们的冷漠，唤起人们对士兵的关注。这具体表现为以下三个方面。

其一，田中正造同情国内民众在受矿毒问题迫害的同时还遭受服兵役之苦。据田中正造统计，谷中村民在日俄战争中有 37 人参战。[①] 田中正造认为，民众履行了兵役和纳税义务，那么政府也应该保障民众的家园，合理解决足尾矿毒问题。[②] 多数壮丁不在家，乘此之际欺辱老弱病残，夺取土地，这是有失人道的行为。[③] 他预言，如果不采取行动，任凭为之，则会将国家推向灭亡。[④]

其二，战争期间，田中正造关注士兵在军队及负伤回国的待遇问题。在关注军营中士兵待遇方面，他在 1900 年 2 月 6 日的《关于士兵待遇的相关质问书》中，老兵虐待新兵、军队强制新兵做杂物、士兵军饷难以果腹而向家里请求资助和军中粮食分配不均四个方面，批评了军营中的士兵的不公正待遇问题。[⑤]

在关注负伤回国的士兵待遇问题方面，田中正造同情负伤回国的士兵，斥责日本国内对他们的冷漠，呼吁人们对士兵加以关注。他曾斥责人们在乘坐汽车时，对负伤士兵有所忽视。他为伤兵的如此待遇而鸣不平，认为国家应该给予其特殊关照，或特别的便利措施。[⑥]

---

① 相关内容参见田中正造全集编纂会编『田中正造全集』第十六卷（書簡 3），岩波書店，1979，第 371 ~ 372 頁。田中正造在此后还指出："明治四十年，日俄战争后，四百余户村民中，纳租兵役，童年征收军用粮，同村出兵军人五十余人。"（田中正造全集编纂会编『田中正造全集』第十六卷（書簡 3），岩波書店，1979，第 490 頁。）

② 田中正造全集编纂会编『田中正造全集』第十五卷（書簡 2），岩波書店，1978，第 366 頁。

③ 田中正造全集编纂会编『田中正造全集』第十六卷（書簡 3），岩波書店，1979，第 342 頁。

④ 田中正造全集编纂会编『田中正造全集』第十六卷（書簡 3），岩波書店，1979，第 63 ~ 164 頁。

⑤ 田中正造全集编纂会编『田中正造全集』第八卷（衆議員演説集 2），岩波書店，1977，第 192 頁。

⑥ 田中正造全集编纂会编『田中正造全集』第三卷（論稿 3），岩波書店，1978，第 601 頁。

其三，田中正造也同情战争给俄国民众带来的苦难。日俄战争破坏了国家经济，加重了俄国人民的苦难。1905 年 1 月 22 日，俄国首都爆发了"黑色星期日"的反战游行活动；1905 年 6 月"波将金"装甲舰起义；日俄战争后，爆发了全国总罢工和十二月武装起义。田中正造对于"黑色星期日"事件中被开枪打死的俄国人民深表同情，并认为受俄国政府暴虐镇压的民众与受明治政府迫害的谷中村村民的遭遇相似，并指出："俄国政府竟然在暴行中虐杀民众，日本无论如何也不要发生这样的事情啊……我为日俄两国的贫民哭泣，代替受难民众向两国义人求救。"①

三 主张秉承"小国论"进行对外交往

外交对巩固国防具有极其重要的作用。面对外来威胁，国家一般用通过国防建设增强自身的力量、削弱敌方的力量和分化或组合第三者的力量等方式。任何国家在维护本国利益的时候，往往采取多种并用的方式，而外交在这其中发挥着重要作用，例如在通过国防建设增强自身力量方面，高明的外交能够于错综复杂的形势中捕捉有利时机，使本国国防实力获得迅速发展的外部条件。② 田中正造的和平思想也涉及外交问题。因青少年时期受到儒学思想的影响，田中正造所提出的外交策略中带有孟子"小国外交"的影子。③ 在他看来日本首先应放低姿态，秉承"小国论"进行外交，在此基础上还应该废除世界海陆军备，将军费全部转为外交费。这具体表现在以下两

① 田中正造全集编纂会编『田中正造全集』第十六卷（書簡 3），岩波書店，1979，第 371 ~ 372 頁。
② 庞仁芝：《论国防与外交在国际政治中的共性和联系》，《世界经济与政治》1997 年第 8 期。
③ 本书中提及的孟子"小国外交"相关内容，源于唐永亮在《论汉学对中江兆民思想的影响》（《中国社会科学院研究院学报》2008 年第 7 期）中对孟子小国外交的阐述。唐永亮指出："孟子认为国家之间交往应该有道，大国应当仁而不应该以力欺人。孟子认为小国外交有三个基本点：小国要有以小事大之智；国不在大小，得道者多助，失道者寡助，仁者无敌；当有帝国入侵时，或全民皆兵抵抗到底，或退而保民。"

方面。

其一，田中正造主张秉承"小国论"进行外交。"小国论"的和平思想来源于西方近代启蒙思想家孟德斯鸠、卢梭等人的"国家观"。这些学者对古希腊的小国家群一样的诸国，给予了高度评价，他们认为小国家群的发展中存在自由性、多样性、竞合性，以不以让他国灭亡的程度发展，在这种发展模式下可以诞生真正的文化与和平。① 例如卢梭在《社会契约论》②中曾以人的体格为例，论述了在国家治理方面小国比大国更易于管理的观点：

> 正如大自然对于一个发育良好的人的身躯给定了一个限度，过了这个限度就只能造成巨人或者侏儒那样；同样地，一个体制最良好的国家所能具有的幅员也有一个界限，为的是使它既不太大以致不能很好地加以治理，也不太小以致不能维持自己。每个政治体都有一个它所不能逾越的力量极限，并且常常是随着它的扩张而离开这个极限也就愈加遥远。社会的纽带愈伸张，就愈松弛；而一般说来，小国在比例上要比大国更坚强得多。③

而日本在自由民权运动乃至日俄战争发展前夕，效仿当时中立小国瑞士、新西兰的言论已有很多，不少有识之士已经意识到日本处于大国环伺之下恰如"东洋瑞士"一般，如基督教社会主义者安部矶雄指出"瑞士的国防是在国际主义中的中立国之下才成为可能的，虽然废除了常备军，改采民兵制度，但在宪法中禁止国民参与外国军队，也不得从外国收受给军官或士兵的一切酬劳或勋章等礼物，切断本国

---

① 南敏雄：『田中正造の論理と現代的意義（下）田中の歴史観を中心として』，『自由』，1993，第 70 ~ 81 頁。

② 在 19 世纪末，日本出现三个版本的《社会契约论》译本，分别是服部德的《民约论》（1877 年），原田潜的《民约论复议》（1883 年），中江兆民的《民约译解》（该版本为节译本，只有第一册译文）。

③ 〔法〕卢梭：《社会契约论》，何兆武译，商务印书社，2003，第 59 页。

与外国军队的联结是很重要的"①。可见，自由民权运动时期思想家秉持"小国论"，让日本形成"真正的自治"，这为田中正造的"小国姿态"和平理念奠定了基础。也正因为如此，尽管田中正造在中日甲午战争时期主张对外强硬论即在外交上采取强硬态度；但是在日本战胜后他并没有表现出赞成日本领土扩张的态度。而在日俄战争前，田中正造则提出了"如果我国要与俄国议和，就要先停止摆出大国民的样子，小国就是小国"②的观点，主张以小国姿态谋取和平。

其二，田中正造主张废除世界海陆军备。为了更好地以"小国之姿"谋求和平发展，田中正造主张废除海陆军备，他认为运用外交手段可以避免发生战争，提出"加强外交质量，以此解决国家间诸问题"③，在此基础上他还进一步主张应该将军事费全部转为外交费。在1913年3月29日的日记中，田中正造将其总结为："废除海陆军备是极端的无抵抗，是有功效的。极端的无抵抗比进行抵抗要好上几千万倍之极，是无上之最，今日本如抱有最大之决心的话，不仅是东洋的和平，还能引导世界的大部分国家走向和平之路。"④ 又如在召开的万国和平会议时期，他斥责日本因存在来自海外诸国的危机感而继续扩张海陆军备的想法："虽说即便打了胜仗也不能放松警惕，要系紧盔甲保持高涨的士气，但为此而主张军备扩张的话，则是错误的。"并提出日本作为战胜国而应该废除全部海陆军备的主张，他认为"日本在世界之前应该毫不保留地废除海陆军备……如果万国和平会议中，日本的主张遭到了拒绝，废除军备提议被否决了的话，日本可以自己

① 山室信一：《宪法九条：非战思想的水脉与脆弱的和平》，许仁硕译，八旗文化、远足文化，2017，第170页。
② 田中正造全集编纂会编『田中正造全集』第十六卷（書簡3），岩波书店，1979，第406页。
③ 田中正造全集编纂会编『田中正造全集』第四卷（論稿4），岩波书店，1978，第603～604页。
④ 田中正造全集编纂会编『田中正造全集』第十三卷（日記5），岩波书店，1977，第443页。

废除海陆军"。①

日本学者家永三郎曾将明治时期的反战思想大致分为四类：第一类，基于个人利害关系的反战思想。可以说是从利己主义立场出发，反对战争而进行逃避，代表人物有与谢野晶子、石川啄木等。第二类，从国家主义立场反战，其代表人物为谷干城。第三类，从人道主义的立场进行反战，其思想基础是基督教，代表人物为内村鉴三、箱崎兼吉等。第四类，从社会主义立场出发的反战论，如《平民新闻》发表的评论等。第一、第二类在本质上不是反战论，只是否定战争的原理；第四类是从根本上否定战争；第三类则是第四类反战论的原动力。

综上所述，田中正造的和平思想具有人道主义立场的性质，虽然没有像社会主义者的反战论一样，理论性地批判战争的不正义性，但是其具有"重视发展外交，主张废除海陆军备"的特征，这与他奉承的小国外交论一脉相承，具有独特个人理论特征。这和田中正造在青少年时期接触民众并知道其疾苦，受到儒学教育的熏陶而抱有"君主仁政"之观念，后来又在狱中接触了基督教教义等经历有着重要关系。

第四节　田中正造和平思想的特征

日俄战争时期是日本明治时期的反战运动高峰期。虽然反战论者们持有分歧，但其分歧点主要集中于批判"爱国心"、拒绝兵役和托尔斯泰式的人道主义这几点上。本节以这三个问题点为中心，对田中正造和平思想同其他和平思想的异同进行比较分析，以归纳总结出田

---

① 田中正造全集编纂会编『田中正造全集』第四卷（論稿4），岩波書店，1978，第603～604頁。

中正造和平思想的特征及影响。

一　明治时期的反战和平运动与和平思想

拿破仑战争后，欧洲国民为了不再发生悲惨的战争，自己结社，发动要求政府维护和平的运动。以此为开端，欧洲各国纷纷成立了和平协会，并于1848年召开了国际性的万国和平会议（不是海牙和平议会），之后每年召开一次，和平团体、国际议会以普及和平思想和解决国际纷争为目的，缔结仲裁条约，开设仲裁机关推进追求"和平与仲裁"的运动。明治时期的反战和平运动主要围绕反对日俄战争而展开。虽然当时和平运动在各国已经具有合作性，但是对于日本来说还是"新奇之物"，在这过程中，基督教的精神运动从侧面成为强心剂。日本明治时期的和平思想中的非战思想主要受托尔斯泰思想影响。托尔斯泰的非战思想是以基督教信仰为主轴的基于人道主义的思想，其从"不要以恶制恶"的态度出发，认为如果以恶的手段对待恶的战争会导致恶性循环。①

中日甲午战争后，日本国内一些地方出现了动员民众去战场和工厂的现象，以及因军备扩张而增加租税等带来的社会问题。社会问题的大量出现，促成了社会主义组织的相继成立。1898年10月，安部矶雄、片山潜、幸德秋水等人组成了社会主义研究会，开始研究社会主义思想。1901年5月，木下尚江、河上清、西川光二郎等人组成社会民主党。社会民主党的结党目的是"依循纯粹的社会主义和民主主义，寻求打破贫富悬殊，在全世界赢得和平主义的胜利"。社会民主党纲领由"理想纲领"和"行动纲领"构成，在其未来目标的"理想纲领"中将"为了万国和平的到来，首先完全废除军备"当作重要目标之一。这是首次有政党以撤废军备、废止战争为政治纲

① 山室信一：《宪法九条：非战思想的水脉与脆弱的和平》，许仁硕译，八旗文化、远足文化，2017，第145～155页。

领。但遗憾的是也正因为社会民主党明确的"废除军备"的政治纲领，在成立的同时被勒令解散了。因此，其主张并没有成功地渗透到社会中。安倍矶雄等人成立了社会主义协会，透过非战演讲会等活动，宣传完全废除军备。1901 年 7 月幸德秋水、内村鉴三、堺利彦等结成了"理想团"，他们在《万朝报》刊载了"和平檄文"，得到了社会上赞同者的支持。与此同时，他们开始关注足尾矿毒事件，并与为解决足尾矿毒事件而奔走的田中正造相识，幸德秋水甚至帮田中正造写了直诉状。①

与反战和平运动相关，明治时期的和平思想家以幸德秋水和木下尚江为代表。在日俄战争开战前，《万朝报》曾持"非战论"立场，随着政府和社会的压力转为主战论立场，幸德秋水、木下尚江等人退出该社，创建《平民新闻》，并以此为阵地批判战争的罪恶，宣传反战论。

幸德秋水从社会主义角度出发，在反对战争的同时，还批判了"不合理的社会制度"。他认为战争会带来"增加国债"、"苛刻增税"和"军国主义的跋扈"三个恶果，会引发军备扩张、物价上涨、风俗堕落、盛行投机商业等不良现象。② 1904 年 1 月 17 日，幸德秋水在《平民新闻》第十号刊发表了社论《我彻底地否认战争》，幸德秋水认为："战争在道德上是惊人的罪恶；政治上是惊人的害毒；经济上是惊人的损失，破坏了社会生机，蹂躏万民福利。"③

木下尚江④是基督教徒，反对一切战争，是"绝对非战论"者。

---

① 山室信一：《宪法九条：非战思想的水脉与脆弱的和平》，许仁硕译，八旗文化、远足文化，2017，第 156 ~ 179 页。

② 原文为："第一难道不是几千万，几亿万的公债的利息吗？……第二不是诸多岁费带来的苛刻增税吗……第三不是军国主义的跋扈。……难道不是军备的扩张吗，不是物价的上涨吗，不是风俗的堕落吗，不是投机的博兴吗？"参见大河内一男：『现代日本思想大系 15 社会主义』，筑摩书房，1963，第 324 页。

③ 大河内一男：『现代日本思想大系 15 社会主义』，筑摩书房，1963。

④ 国内关于木下尚江和平思想方面的研究主要从文学角度进行论述，例如：《木下尚江的"转向"——从"斗士"到"隐士"》（郑倩，2016）、《从〈火柱〉到〈忏悔〉：木下尚江小说创作的价值研究》（李俄宪，2009 年）。相比之下，日本方面进行了相对深入的研究探讨，代表学者有清水靖久、中野孝次、山田贞光、松田义男和山极圭司。（转下页注）

其和平思想具有双重性质。一方面，他受基督教义中的"爱敌"思想影响，批判战争有悖于道德，着重批判进行战争的国家、"爱国心"以及君主观；另一方面，木下尚江参加社会党后，受幸德秋水等人的影响，逐步加强了社会主义性质的"非战论"。值得关注的是，木下尚江的"非战论"主要批判战争的原因，揭露侵略的事实。

明治时期社会主义者主要致力于解决社会问题。以足尾矿毒问题为媒介，田中正造与社会主义者们相识。以幸德秋水为代表的社会主义者们在田中正造解决足尾矿毒问题过程中给予了帮助。1901 年 11 月 22 日至 23 日，田中正造带领幸德秋水等人前往足尾矿毒受灾区。1901 年 12 月幸德秋水在《万朝报》上刊登《臣民的请愿权——关于田中正造直诉》一文。与此同时，田中正造也在幸德秋水出版《社会主义神髓》之际，于 1903 年 7 月的日记中表示认同社会主义者的主张，他曾指出："发起了关于矿毒问题运动的人们是社会主义者，因社会主义反对日本的国体而被反对。但没有必要消灭社会主义，应消灭矿毒，停止矿业。消灭少数的专有制，将人民作为自己的伙伴。东京不能上涨马车租赁价格，这是社会党们坚持的事情。既然如此的话，

<hr/>

（接上页注④）清水靖久可谓木下尚江思想方面的集大成者。他以木下尚江和平思想为内容，在 2002 ~ 2003 年完成了日本"文部省基盘研究 C"同名课题。作为研究课题成果，清水靖久出版了《绝对非战论者的非暴力不服从思想》和《木下尚江全集》第十九卷。

各位学者在木下尚江思想研究方面的侧重点方面存在着不同，中野孝次侧重于研究青少年时期的木下尚江（《青年木下尚江》），山田贞光以木下尚江自由民权运动时期为研究重点（《木下尚江和自由民权运动》），山极圭司对和平思想方面研究个多，主要侧重于木下尚江的生平传记，尤其是木下尚江任职《每日新闻》记者后的行为活动，代表作如《木下尚江　先觉者的斗争和烦恼》。松田义男从木下尚江的政治思想入手，在对木下尚江的政治行为活动进行考察的基础上，对和平思想进行了论述考察，代表成果《木下尚江的政治思想（1）~（2）》。

本书参考木下尚江与田中正造晚年的活动情况，参照小松裕的成果《〈新纪元〉和田中正造》，在此基础上根据清水靖久研究课题的报告书中的史料整理，并结合《木下尚江全集》中有关和平思想内容相关的一手史料，以及山田贞光、松田义男和山极圭司对木下尚江的评述，对木下尚江与田中正造的和平思想进行对比分析。

内务省不也是社会党吗？"① 另外，在平民社成员出狱时，他在日记中表示祝贺，并肯定幸德秋水等人解决社会问题的行为活动，称赞社会主义者们是为日本的和平事业而奉献的牺牲者。② 在《直言》废刊后，田中正造将与社会主义者们交往的主要活动阵地转为《新纪元》，去世之前一直与木下尚江保持着密切关系。

二 田中正造与同时期其他和平思想论者的共同特征

日俄战争爆发后，日本国民面临着来自政府增税、兵役、高强度工作等巨大压力。另外，长时间的战争使民众产生了厌战情绪，推动日本反战论高涨。③ 受当时社会舆论受到限制，日俄战争时期的反战论说，并没有正面反对战争，他们主要批判战争引发的社会现象，在这基础上，还呼吁废除军备等主张。具体说来，田中正造与同时期的和平思想论者在以下三方面存在着共同特征。

首先，和平思想论者们全都批判日本政府培养国民"爱国心"而企图将其作为侵略扩张武器的政策。

二战前日本为了强化天皇制政权的"皇国主义"教育，进行以《教育敕语》为主导的"忠君爱国"的"修身教育"，旨在培养国民的"爱国心"，将其作为发动侵略战争的思想武器。在为天皇尽忠献身的宣传诱导下，修身教育成为日本培养"忠君爱国"的皇国国民的主要方式。近代的"爱国心"教育将日本青少年卷入战争旋涡，广大青少年践行着"灭私奉公"的道德准则，成为狂热的战争支持者，沦为军国主义的炮灰。④ 此背景下产生的"爱国心"带有浓厚军国主义

---

① 田中正造全集编纂会编『田中正造全集』第十卷（日记2），岩波书店，1978，第470页。

② 田中正造全集编纂会编『田中正造全集』第十六卷（书简3），岩波书店，1979，第207～208页。

③ 井口和起：《日俄战争的时代》，何源湖译，玉山社，2012，第128～153页。

④ 师艳荣：《日本"爱国心"教育再皇国化日本"爱国心"教育再皇国化》，《中国社会科学报》2015年7月。

色彩，正如与谢野晶子在《乱发》中指出，"当时社会把慷慨赴义、抛头颅洒热血挂在嘴上，不管讨论什么都要引用忠君爱国之类的文字，以及令人诚惶诚恐的《教育敕语》，任何评价都从以皇室中心主义角度审视"。① 反对战争，拒绝兵役，会被盖上反贼、国家罪人的帽子。"爱国心"是政府鼓吹民众支持战争的思想工具，也是发动战争的根本出发点，日俄战争时期的和平论者们为了回避政府的舆论压力，多数避免从正面批判"爱国心"，从不同视角出发批判战争的不正义性。②

田中正造受青少年接受儒学教育的影响，并没有批判君主专制，未曾正面批判"爱国心"和也并未触及君主专制乃至日本国体，他从君主仁政方面希望君主以日本内政为主，其和平思想也是以反对国内政务为前提。甚至在中日甲午战争时期对于自己和天皇看法一样表示自豪，此君主观贯穿其一生也并未改变。但田中正造站在民众利益角度，批判战争的不正义性。他认为政府发动战争而忽视国家治内问题，无论是对受侵略国还是对日本民众来说，都是非正义之举。

相比之下，木下尚江和幸德秋水的批判观点更鲜明。幸德秋水批判军国主义和"爱国心"，并借基督教隐喻国体，批判君主专制。他认为"爱国心"与军国主义相关联，是构成了帝国主义的要素。③ 他将"爱国心"等同于好战心，将它们比喻成动物的天性，指出："所谓的'爱国心'，即以讨伐外国人为荣的好战心也，好战心即动物的天性也。而此乃动物的天性，好战的'爱国心'也，此实乃释迦牟尼、基督教所排斥之处，与文明理想之目的不相容也。"④ 幸德秋水还出版《基督教抹杀论》，进一步批判了君主专制。对此，日本学者小森健太郎认为，受当时出版法的制约，幸德秋水在《基督教抹杀论》

---

① 转引自井口和起《日俄战争的时代》，何源湖译，玉山社，2012，第10页。
② 井口和起：《日俄战争的时代》，何源湖译，玉山社，2012，第7~10页。
③ 幸德秋水全集编纂会编『幸德秋水全集』第三卷，明治文献，1968，第423~425页。
④ 幸德秋水全集编纂会编『幸德秋水全集』第三卷，明治文献，1968，第19页。

中不能直接阐述自己的观点，幸德秋水笔下的"基督教"可能隐喻的是天皇。①

与幸德秋水相比，木下尚江的批判更正面、直接，从根本上否定"爱国心"。他反对国家的权威化（国权论者），批判了发动战争的国家以及这种侵略别国的所谓"爱国心"。木下尚江叱责"日本人是世界上的好战者……唯一的骄傲就是所谓以"爱国心"为准则的战争之心"②。虽然那些因为意识到利害关系而尊重国家的人们可能没有什么想法，但那些为了国家而活着或去死的人们，像列夫·托尔斯泰所说的那样，就是国家的崇拜者。③ 他还阐述道："说着战争的人们常常以'一切为了国家'为权威"，"那些使事物变得错综复杂的，绝不会是真正的国家"，"古来人类最大的迷信便是国家崇拜"，"国家有着其相对应的职分，国家绝不能成为至高权威"。④ 与此同时，基督教徒木下尚江还根据基督教"天父之至爱"，"坚决拒绝"了"国家的权威"中的"牺牲"要求，然后断言"那些夸大国家权威而要求最大牺牲的行为啊，我以天父的至爱之名义坚决拒绝你们"。⑤

在批判"爱国心"的基础上批判忠君爱国思想这一方面，幸德秋水与木下尚江相似，批判天皇崇拜和神权主义。木下尚江同样也反对专制，他在《战争的日本之将来》中指出，要将以天皇为中心的单一民族意识作为任务来克服，为此就要把宗教性的君主观击碎打破。⑥

其次，日俄战争时期的和平思想论者们主张废除海陆军备。

《新约圣书》的《马太福音》分册中第五章38节至48节中对"爱敌"这一教义有着如下叙述。

---

① 幸德秋水全集编纂会编『幸德秋水全集』第八卷，明治文献，1972，第349～489页。
② 山极圭司编『木下尚江全集』第十六卷，教文馆，1997，第80～81页。
③ 山极圭司编『木下尚江全集』第十六卷，教文馆，1997，第145～147页。
④ 山极圭司编『木下尚江全集』第十六卷，教文馆，1997，第145～147页。
⑤ 山极圭司编『木下尚江全集』第十六卷，教文馆，1997，第117～119页。
⑥ 清水靖久：『野生の信徒木下尚江』，九州大学出版会，2002－02，第236～241页。

他说若有人打你的右脸，连左脸也转过来由他打。道理说并不如眼睛所看到或打耳光那么简单。[1]

……我么绝不会容许任何对他的敌意进入我们的内心，仍以不可征服的善行和善意对待他，除了对他的好处以外，别无所求。从这种爱产生了几件事：

（甲）耶稣绝不会要我们爱我们的仇敌犹如爱我们最亲爱的至亲好友一般。此爱与彼爱大不相同，爱我们的仇敌犹如爱至亲好友一样既不可能也不是适当的。这是一种不同类别的爱。

（乙）主要不同点在哪呢？对于我们的至亲好友，我们就是不能不去爱她们，仿佛我们是坠入情网一般，对我们是一件十分自然的事，那是由心中的情感产生的但是对于仇敌，爱不仅要出于内心，也要出于意志，并不是顺乎自然，而是我们必须用意志命令我们自己去做的一件事。其实这是战胜与征服人类的天性本能……不是受指使，也不是寻求而来的。而是一种意旨的决定，对于伤害侮辱我们的人，致以不可克服的善意。……[2]

出于对这一基督教教义的信奉，明治时期的基督教徒们反对武装暴力，主张"军备全废论"的无抵抗主义。

田中正造认为日本在三国干涉还辽中的失利主要是因为政府的软弱外交。他甚至在日俄战争后主张应该废除军备，将军备支出转移到外交支出上，用外交来维持和平。在废除军备论方面，田中正造与基督教徒们的主张相似，他认为应该废除海陆军备，只要保持小国姿态进行外交会维持国家间的和平，为此在1903年2月提出"世界海陆军备全废论"的呼吁世界和平的主张。

以木下尚江为代表的基督教和平思想者将日本发动战争的原因归

---

① 巴克莱：《马太福音注释（上）》，方大林，马明初译，人光出版社，1969，第136页。
② 巴克莱：《马太福音注释（上）》，方大林，马明初译，人光出版社，1969，第143页。

结为日本人缺少信仰（即基督教）。① 大部分基督教和平思想者主张废除战争，反对军备扩张，甚至提出超出一国界线的"废除世界海陆军备"，他们认为军备是引发战争的"借口"，主张世界无军备，提倡永久和平，如柏木义圆等。

幸德秋水等人在国防中重视外交的观点和田中正造人相似。幸德秋水将战争归结为日本的资本主义制度，他认为："社会主义不仅不承认现实国家的权力，还极力排斥军备和战争。所谓的军备和战争，是支撑现在所谓'国家'的资本主义制度，多数人类为此做出横征暴敛的牺牲。"他进一步指出："日本不仅为了扩充军备而担负巨额国债……还要几十万壮丁经常服兵役，学习杀人之技，不得不尝尽无用疾苦。"②

最后，日俄战争时期的和平主义者们多为社会主义主张者，他们同情民众在战争中所遭遇的苛税和兵役，对此有着各自的论述。

田中正造认为服兵役和纳税是民众的义务，为此认为拒服兵役是没有履行公民的义务。田中正造和平思想中的人道主义既包含基督教的"爱敌"思想，也具有热爱国民的自然性情。与基督教和平思想者不同，他不仅关注士兵在军队及负伤回国后的待遇问题，还同情受战争之苦的民众。与社会主义和平者相似，他批判政府增加税收，不同的是从未触及批判明治社会制度。

幸德秋水从人道主义立场否定战争，认为战争会引发民众的不幸。他指出："和平论者岂用说战争对社会带来的损害？停止贸易，生产业萎靡。必然会带来金融业的萎缩和贫民的增加。"③ 并认为，战争会带来三个恶果："增加国债"、"苛刻增税"和"军国主义的跋扈"，

---

① 此观点在《战争人种》、《战争的训诫》等评述中被多次提及。详细内容请参见山極圭司编『木下尚江全集』第十六卷，教文馆，1997，第 80~81 頁；山極圭司编『木下尚江全集』第十六卷，教文馆，1997，第 167~168 頁。

② 幸德秋水全集编集委员会编『幸德秋水全集』第四卷，明治文献，1968，第 508 頁。

③ 神崎清：『実録：幸德秋水』，読売新聞社，1971，第 167 頁。

这必然会招致军备扩张、物价上涨、风俗堕落、盛行投机商业。① 幸德秋水认为日本军国主义体制下的军备扩张和征兵制，具有不合理性，是不正行为。他指出："兵营产出许多无赖之游民，生产力消糜，许多有为的青年亦为此蹉跎，兵营所在的地方风俗混乱，行军沿路之良民常遭其苦，然未见军备和征兵为国民产出一米一金也。"②

内村鉴三结合爱国思想，反对拒服兵役，他认为服兵役的士兵应该"怀着为误入歧途的兄弟赴汤蹈火的心情，服从这项命令。在这悲惨的境地中，这样做才是消除战争最稳健、最合适的途径"③。

木下尚江同情民众拒绝服兵役的想法及其难处，例如他曾指出"我欲拒绝出征，又恐军法无情，若说我不忠不义，全家痛苦知多少"，"我誓不杀敌，甘心死在敌人刀下"④。关于征兵制度，木下尚江指出"承担义务太不公平"，"在国民义务的名义下承担实际兵役灾难，以为衣食奔波的劳动阶级的子弟为最"，主张"如果国防需要军队，国家应该摒除强制兵役主义而采取志愿自由主义"⑤。日俄开战后，他进一步探讨了拒服兵役问题："消极逃避兵役的青年数不胜数，积极拒服兵役的人却从未出现。"⑥

小　结

综上所述，田中正造的战争观受国权和民权意识的影响，经历了中日甲午战争时期的"义战论"到日俄战争战争时期的"非战论"，

---

① 大河内一男，『現代日本思想大系 15 社会主义』，筑摩書房，1963。
② 幸德秋水全集编集委员会编『幸德秋水全集』第四卷，明治文献，1968，第 508 ～ 509 頁。
③ 转引自清水靖久编『野生の信徒木下尚江』，九州大学出版会，2002 - 02，第 250 頁。
④ 山極圭司编『木下尚江全集』第十六卷，教文館，1997，第 80 ～ 81 頁。
⑤ 山極圭司编『木下尚江全集』第十六卷，教文館，1997，第 180 ～ 182 頁。
⑥ 山極圭司编『木下尚江全集』第十六卷，教文館，1997，第 65 頁。

在日俄战争时期形成了和平思想，其转变原因正是他坚持的"内治为主"的政治思想。其和平思想具有坚持治内改良为首要任务，奉行人道主义，主张小国外交论和废除海陆军备的特征。与同时期的其他和平思想者相比，田中正造具有坚持"官民一致"的思想特征，虽未批判国体，但在外交方面，其观点与社会主义者们主张强化外交相似，与基督教徒们主张的废除海陆军备同出一辙。在人道主义方面，具有自然本土人道主义和基督教人道主义的双重特征。

结　语

作为日本近代的政治家和思想家，田中正造的一生反映了日本从封建社会转向近代社会的曲折历程，呈现转型期日本思想家对传统日本与西方近代思想融合的思考和实践，更体现那个时代的思想家对日本明治维新的反思。田中正造所提出的"真正的文明，不令山荒芜，不令川干涸，不破坏村庄，不杀戮人"这一"真文明"思想，不仅体现他对当时日本国家与人民关系、国家与环境关系、国家与国家外交关系的思考，也体现他对日本明治政府的政治、经济、外交等政策的质疑和反思。通过对田中正造"真文明"思想的思考，本书得出如下结论。

（1）田中正造"真文明"思想中的民众思想与民权思想都来源于其以人为本的理念，这一理念体现田中正造对日本传统思想和西方近代思想的结合和提炼。正是在"以人为本"理念下，田中正造扩展了人本的概念，把其扩张为民众思想、"民权大于国权"的意识。而田中正造"以人为本"理念的形成背景大致可以归纳为如下几个方面。

第一，田中正造家的名主身份让其对村民具有公共责任意识。这种责任意识影响了田中正造的一生，也渗透于其民主主义思想、环境保护思想与和平思想之中。田中正造的大多数行为如加入立宪改进党、成为众议院议员、领导民众反足尾矿毒运动、同情战争中受难的民众等，都体现了田中正造对普通民众的爱护与支持。而这种"以人为本"的理念显然根植于田中正造幼年的成长环境和家庭教育之中，与其名主身份息息相关。

第二，日本传统世界和儒家文化的熏陶。日本传统世界中的"富士讲"是广泛流播于民间的一种信仰，"富士讲"教义中的"正直"
"勤勉""平等"思想对田中正造的"以人为本"理念也有着显著的
影响，而幕末日本流传的儒家思想更让田中正造坚定了实施仁政的信
念。可以说，日本本土流布的思想让田中正造对人民富有同情心，同
时也奠定了田中正造从政的决心。

第三，六角家事件的触动。田中正造认为六角家事件是他步入社
会所交"学费"，这意味着该事件对他影响很大。六角家事件中名主
公选制被破坏，让田中正造真正意识到村民自治权的危机，在此基础
上田中正造树立了"内政为先"的理念，这都表现出田中正造坚持
"一切以人民利益为先"的"以人为本"思想。

第四，近代西方思想的影响。日本明治维新之后，近代西方思想
大量涌入日本，当时日本思想家们或多或少都受到"议会制""自立
精神""三权分立"等西方近代思想的影响。但田中正造与同时期其
他思想家如内村鉴三、幸德秋水等人对西方民主思想的认同和选择并
不完全相同。相比于其他人对政治的热衷，田中正造更愿意接受西方
思想中关于"以人为本"的这部分内容，包括"宪法应以确认和保障
民权为最高目标""公共利益至上"等思想。而"以人为本"也成为
田中正造思想的核心理念，并伴随着田中正造整个人生历程。

（2）在"以人为本"理念的基础上，田中正造认为人民的权益即
民权大于一切，甚至民权大于国权，这种理念也贯穿于他的民主思想、
环保思想与和平思想之中。

在民主主义思想方面，田中正造参加了自由民权运动，与全国的
自由民权家一起积极推进开设国会，呼吁国会赋予人民参政的权利。
在加入立宪改进党后，田中正造倡导地方党内建设，并在成为国会议
员后，数次对政府忽视人民利益的行为进行质问；同时，为了捍卫人
民的权利，田中正造主张尊重司法独立，以司法保障人民权利的实施。
由此可知，田中正造民主主义思想中"以人为本"的理念已渐渐呈现
"民权"的雏形：一是民权内容阐释，即发挥人民在国家管理中的作

用，人民有参政的权利；二是明确民权的保障措施，一方面从法律层面来说，田中正造主张以宪法为根本法，充分发挥宪法的平等性和对等性；另一方面从政府机构来说，田中正造主张建立对人民负责的责任内阁以保障民权。

在环境保护思想方面，正是因为民众的生命财产受到威胁，田中正造才组织了反对足尾矿毒运动。在足尾矿毒事件发生后，田中正造秉持"以人为本"理念问责政府，团结受害民众，使反足尾矿毒运动组织化。可以看到，田中正造在对足尾矿毒的认知上，从人民的利益出发，认为把谷中村变为蓄水池是损害了人民地方自治的利益。而且，明治政府对调查矿毒的敷衍态度也促使田中正造所持的"（人民）公益观点"和政府"公益观点"站到对立面。此时田中正造对"国权"已渐渐失望，"民权至上"这种观点已逐渐形成。

在和平思想方面，当时足尾矿毒事件还没有得到妥善的解决，再加上甲午战后田中正造目睹日本因国权扩张而增加税收、提高物价，导致劳动者陷于贫困之中、人民生命财产权得不到保障，这使得田中正造最终成为主张"绝对非战论"的和平主义者。田中正造认为，国家政策制定应尊重民意，然而国权扩张势必会影响安定民生，所以田中正造呼吁政府应停止扩张国权，以内治改良为主要任务。同时，田中正造基于基督教"博爱"的精神，把对人民权益的捍卫扩大到世界范围，同情战争中日本与俄国的受难民众，并呼吁废除世界海陆军备。这些表明田中正造的"以人为本"理念在战争与外交方面得到了进一步的诠释。

（3）田中正造的民主思想、环境保护思想、和平思想休现了其对明治维新政策的质疑和反思。

明治时期日本国内爆发了轰轰烈烈的自由民权运动。而在自由民权运动中，明治政府、明治政党的一些举措弊病频出。一是明治时期民权家们建立的自由党、立宪改进党等政党均以谋取自身利益为根本，甚至不惜政党内斗。而田中正造则在《开设国会乃当下之急务》中认为应政党合一，以团结民众为根本，明治政府应尽快开设国会使民众具有参与国事的权利。二是迫于一些民权派的压力，明治政府制定并颁布了明治宪法，但明治立宪的根本是为了维护自身统治，并为统治阶级服务。所以田中正造认为应发挥宪法的平等性和对等性，在宪法之下建立责任内阁以维护民权，代表民意。三是日本初期议会中实施"三权分立"，但"三权分立"并不彻底，天皇权力仍过于集中，导致议会根本不可能限制政府的权力。针对这一情况，田中正造在议会中质问政府的不正行为。由此可知，田中正造的民主思想坚持立足民众，以民众利益为准绳，并坚持以宪法来治理国家，所以田中正造的民主思想体现了对明治政府政治措施的怀疑和质问，而研究田中正造民主思想研究也有助于我们认清明治政府政治的一些弊端。

明治维新后，日本为了达到修改不平等条约之目的，跻身于资本主义国家行列，推行了"殖产兴业"等政策。虽然这些举措取得了一些成果，但同时带来了消极的影响。明治政府过分重视经济发展，忽略了环境保护的重要性。"殖产兴业"政策引发的足尾铜山矿毒污染问题就是一个典型的例子。一是明治政府从经济利益出发，实行"优先发展经济"原则，对公害采取先放纵后治理的策略，加速了环境污染的扩散范围，引发了人民环境保护运动。田中正造认为，对待公害应基于"公共利益"而保护环境，政府应提高公共性责任意识。二是明治政府放任矿毒污染，导致植被减少，最终引发特大洪水。废水沿岸数十万人民流离失所、无家可归。田中正造认为应从尊重自然的角度出发治理洪水。三是明治政府支持古河矿业，屡次拒绝民众要求停止矿业生产的诉求，田中正造采用向天皇越级上诉的方式伸张正义、维护人民利益。由此可知，田中正造的环境保护思想对明治政府"殖产兴业"政策进行了深刻的反思，并就其所带来的恶果提出了解决措施。

明治政府在完成颁布宪法、开设国会、"殖产兴业"的同时，也把富国强兵作为外交策略，大力扩张军备；但日本因扩张军备带来了一系列社会问题，促生了田中正造"绝对非战论"的和平思想。一是明治政府大举扩张国权，增加军费，增加税收。对此，田中正造反对继续军扩，希望政府把注意力从海外扩张转移到内治问题上，认为政府应内政优先。二是明治政府为了培养战争机器，在社会上鼓吹武士道精神和"爱国心"，但田中正造从人道主义精神出发，同情战争给民众带来的伤害。三是明治政府秉持"大日本主义"思想进行外交，而田中正造认为应秉承"小国论"进行外交，并由此提出废除世界海陆军备的观点。田中正造的和平思想以反对主流战争观的"非战论"为主要内容，并包含反对赌上国运的战争或提倡废除战争本身等主张，是明治时期和平思想的代表，也是战后日本"宪法第九条"的理论源泉。可以说，田中正造的和平思想不仅有利于我们重新认识明治政府的国权扩张政策，而且对于战后乃至现阶段日本国的发展也有重要借鉴价值。

（4）尽管田中正造"真文明"思想具有进步意义，但仍具有一定程度的不足之处。例如，其和平思想中曾提出重视外交而废除世界海陆军备的主张，笔者认为这过于理想主义化。外交固然是重要手段，但是只运用外交策略，依靠基督教等宗教信仰乃至人道主义精神，而完全舍弃国家自身的军备防御力，在当时乃至当今都是很难达成其主张的世界和平理想的。此外，田中正造"真文明"思想中的民主主义思想崇尚宪法，主张保障民众利益，却忽视了如何限制政党权力从而保障民众利益。在此方面，田中正造的意识并不深刻，这也许就是他的民主主张无法得以伸张，无法找到足尾矿毒事件解决方法的原因之一。

参考文献

日文文献

1. 史料

[1] 日本共産党党史資料委員会監修『片山潜選集』，真理社，1949。

[2] 大山梓編『山県有朋意見書』，原書房，1966。

[3] 幸徳秋水全集編纂会編『幸徳秋水全集』，明治文献，1968～1973。

[4] 伊谷隆一編『柏木義円集』，未来社，1970～1972。

[5] 佐野市史編さん委員会編『佐野市史：近代編』，佐野市，1976。

[6] 田中正造全集編纂会編『田中正造全集』，岩波書店，1977～1980。

[7] 栃木県史委員会編『栃木県史：通史編6（近現代1）』，栃木県，1982。

[8] 農山漁村文化協会編集『安藤昌益全集』，農山漁村文化協会，1981～1987。

[9] 安在邦夫（ほか）編『田中正造選集』，岩波書店，1989。

[10] 山極圭司編『木下尚江全集』，教文館，1990～2003。

[11] 篠原一、三谷太一郎編『岡義武著作集』，岩波書店，1992～1993。

[12] 石井録郎編『小中村史蹟』，石井録郎，1933。

[13] 丸山真男著，松沢弘陽編集『丸山真男集』，岩波書店，1996～1997。

[14] 由井正臣、小松裕編『亡国への抗論：田中正造未発表書簡集』，岩波書店，2000。

［15］田中正造：『田中正造文集』，岩波書店，2004。

［16］田中正造著，由井正臣、小松裕編『田中正造文集』，岩波書店，2004～2005。

［17］アジア歴史資料センター：https://www.jacar.go.jp/.

［18］松沢弘陽、植手通有編『丸山真男集』，第7巻，岩波書店，1996～1997。

2. 著作

［1］斯邁爾斯（スマイルス）：『西国立志編：原名・自助論』，中村正直訳，六書房蔵版，1871。

［2］久我懋正：『現行民権家品行録巻之1』，秩山堂，1882。

［3］木戸照陽：『日本帝国国会議員正伝』，田中宋栄堂，1890。

［4］篠田正作：『明治新立志編』，鍾美堂，1891。

［5］久貝源一：『国会議員評判記』，言行館，1891。

［6］中野元実（鏡北）編『衆議院十奇人』，中野元実，1893。

［7］高岩安太郎：『「足尾銅山鉱毒問題」陳情書』，大成社，1897。

［8］鳥谷部春汀：『明治人物評論』，博文館，1898。

［9］左部彦次郎：『歳費辞退田中正造翁』，浜田活版所，1899。

［10］読売新聞社編『茶話』，東京堂，1901。

［11］山崎謙：『衆議院議員列伝』，衆議院議員列伝発行所，1901。

［12］江東陰士：『嗟呼三十五万の霊』，戸田学令館，1902。

［13］奥村梅皐：『一噴一醒』，新声社，1902。

［14］岩崎徂堂：『田中正造奇行談』，大学館，1902。

［15］正岡芸陽：『人道の戦士：田中正造』，鳴皐書院，1902。

［16］田川大吉郎：『鳴呼鉱毒論』，現代社，1903。

［17］鳥谷部春汀：『春汀全集』（第1巻），博文館，1909。

［18］石川半山：『烏飛兎走録』，北文館，1912。

［19］高橋鉄太郎：『義人田中正造』，有朋館，1913。

［20］ 天野弘一：『栃の落葉』，内田浜吉，1913。

［21］ 山菅与一郎：『田中正造翁の半面』，水郷学会，1921。

［22］ 木下尚江：『田中正造翁』，新潮社，1921。

［23］ 堀田善太郎：『呪詛の足尾銅山』，堀田善太郎，1922。

［24］ 若月保治：『政治家の犯罪』，聚芳閣，1924。

［25］ 永島忠重：『野草』，警醒社，1924。

［26］ 島田三郎：『田中正造翁小伝』，足利友愛義団，1926。

［27］ 栗原彦三郎編『田中正造自叙伝』，中外新論社，1926。

［28］ 田中正造著，木下尚江編『田中正造之生涯』，国民図書，1928。

［29］ 渡辺幾治郎：『明治史研究』，楽浪書院，1934。

［30］ 田中正造著，林広吉解題『晩年の日記』，日本評論社，1948。

［31］ 信夫清三郎：『明治政治史』，弘文堂，1950。

［32］ E. ハーバート・ノーマン著：『忘れられた思想家：安藤昌益のこと』（上巻），大窪愿二訳，岩波書店，1950。

［33］ 家永三郎：『日本近代思想史研究』，東京大学出版会，1953。

［34］ 井上清：『条約改正：明治の民族問題』，岩波書店，1955。

［35］ 大河内一男：『現代日本思想大系』，筑摩書房，1963。

［36］ 神崎清：『実録：幸徳秋水』，読売新聞社，1971。

［37］ 市井三郎、布川清司：『伝統的革新思想論』，平凡社，1972。

［38］ 東海林吉郎：『歴史よ 人民のために歩め』，太平出版社，1974。

［39］ 富山和子：『水と緑と土：伝統を捨てた社会の行方』，中央公論社，1974。

［40］ 安丸良夫：『日本の近代化と民衆思想』，青木書店，1974。

［41］ 山口啓二：『幕藩制成立史の研究（歴史科学叢書）』，校倉書房，1974。

［42］ 林竹二：『田中正造の生涯』，講談社，1976。

［43］ 大石慎三郎：『江戸時代』，中央公論社，1977。

［44］ 林竹二：『田中正造：その生と戦いの「根本義」』，田畑書

店，1977。

[45] 植木枝盛（ほか）：『日本人の自伝2（植木枝盛，馬場辰猪，田中正造，玉水常治，松山守善）』，平凡社，1982。

[46] 由井正臣：『田中正造』，岩波書店，1984。

[47] 山本武利：『公害報道の原点：田中正造と世論形成』，御茶の水書房，1986。

[48] 二村一夫：『足尾暴動の史的分析：鉱山労働者の社会史』，東京大学出版会，1988。

[49] 鹿野政直：『歴史のなかの個性たち』，有斐閣，1989。

[50] 大日方純夫：『自由民権運動と立憲改進党』，早稲田大学出版部，1991。

[51] 下山二郎：『鉱毒非命：田中正造の生涯』，国書刊行会，1991。

[52] 安在邦夫：『立憲改進党の活動と思想』，校倉書房，1992。

[53] 朝日新聞宇都宮支局編『新・田中正造伝』，随想舎，1992。

[54] 田畑忍：『近現代日本の平和思想：平和憲法の思想的源流と発展』，ミネルヴァ書房，1993。

[55] 松沢弘陽：『近代日本の形成と西洋経験』，岩波書店，1993。

[56] 家永三郎責任編集『日本平和論大系』，日本図書センター，1993。

[57] 佐江衆一：『田中正造』，岩波書店，1993。

[58] 下山二郎：『足尾鉱毒と人間群像』，国書刊行会，1994。

[59] 小松裕：『田中正造：二一世紀への思想人』，筑摩書房，1995。

[60] 布川清司：『田中正造』，清水書院，1997。

[61] 田中正造を現代に活かす会：『田中正造と主権・人権・平和：日本国憲法50周年にあたって：第二回シンポジウムの記録』，田中正造を現代に活かす会出版会，1997。

[62] 岩科小一郎：『富士講の歴史：江戸庶民の山岳信仰』，名著出版社，2000。

［63］南敏雄：『理想国日本の追求者・田中正造の思想』，近代文芸社，2001。

［64］小松裕：『田中正造の近代』，現代企画室，2001。

［65］牧原憲夫（ほか）：『感性の近代』，岩波書店，2002。

［66］清水靖久：『野生の信徒木下尚江』，九州大学出版会，2002。

［67］大竹庸悦：『内村鑑三と田中正造』，流通経済大学出版会，2002。

［68］立松和平：『毒』，東京書籍，2003。

［69］日向康：『田中正造を追う：その「生」と周辺』，岩波書店，2003。

［70］三浦一夫：『東アジア共同体構想と日本国憲法・田中正造のアジア認識』，下町人間・天狗講九条の会，2008。

［71］稲田雅洋：『自由民権運動の系譜：近代日本の言論の力』，吉川弘文館，2009。

［72］立松和平：『白い河』，東京書籍，2010。

［73］花崎皋平：『田中正造と民衆思想の継承』，七つ森書館，2010。

［74］小松裕、金泰昌：『公共する人間4田中正造：生涯を公共に献げた行動する思想人』，東京大学出版会，2010。

［75］小松裕：『真の文明は人を殺さず：田中正造の言葉に学ぶ明日の日本』，小学館，2011。

［76］大澤明男：『評伝田中正造』，幹書房，2012。

［77］小松裕：『田中正造：未来を紡ぐ思想人』，岩波書店，2013。

［78］商兆琦：『鉱毒問題と明治知識人』，東京大学出版会，2020。

3. 论文

［1］平野義太郎：「亡国の予言者—田中正造について」，『展望』1950年第5期。

［2］山本孝治：「民衆的政治家田中正造翁」，『教育技術』1950年第

8 期。

［３］ 家永三郎：「日本に於ける反戦思想の歴史」，『日本歴史』1950
年第 1 期。

［４］ 林広吉：「田中正造—明治大正の先覚者（1）」，『潮』1952 年第
6 期。

［５］ 斎藤文恵：「鉱毒とたたかつた義人—田中正造—」，『歴史評
論』1952 年第 7 期。

［６］ 石井孝：「田中正造晩年の行動と思想」，『歴史評論』1953 年第
9 期。

［７］ 雨宮義人：「田中正造に於ける宗教者の形成」，『歴史教育』
1955 年第 2 期。

［８］ 雨宮義人：「田中正造翁についての二三の考察」，『藝林』1955
年第 8 期。

［９］ 林竹二：「抵抗の根—田中正造研究への序章—特集・日本民主
主義の原型」，『思想の科学』1962 年第 6 期。

［10］ 石井孝：「政治家・田中正造のたどった途—特集・日本民主主
義の原型」，『思想の科学』1962 年第 6 期。

［11］ 日向康：「谷中村—鉱毒事件の埋葬地—特集・日本民主主義の
原型」，『思想の科学』1962 年第 6 期。

［12］ 林竹二：「政治と献身—田中正造研究—」，『思想の科学』1962
年第 8 期。

［13］ 鹿野政直：「田中正造—その人民国家の構想—」，『展望』1968
年第 6 期。

［14］ 鹿野政直：「足尾鉱毒事件と田中正造（公害闘争と人民の視点
（特集）」，『月刊労働問題』1970 年第 10 期。

［15］ 中込道夫：「田中正造と草の根民主主義」，『現代の眼』1970
年第 12 期。

［16］ 雨宮義人：「田中正造—公害反対運動の原点—」，『中央公論』

1971 年第 3 期。

［17］甲田寿彦：「田中正造の実像を求めて」，『世界』1972 年第
10 期。

［18］林竹二：「亡国日本からの再生を求めて―田中正造における自
治と共同体の思想―」，『展望』1972 年第 12 期。

［19］渡辺隆喜：「下野中節社と自由民権運動（特集・民衆の運
動）」，『駿台史学』1973 年第 2 期。

［20］渡良瀬川研究会編「田中正造と足尾鉱毒事件研究」，『随想
舎』1978 ～ 1999 年第 1 ～ 11 期。

［21］山極圭司：「木下尚江と田中正造」，『文学』1979 年第 4 期。

［22］南敏雄：「田中正造の全体像を求めて―知られざる翁の近代批
判と完全非武装論について―」，『日本及日本人』1983 年第
7 期。

［23］谷中村出版社編『田中正造の世界』1984 ～ 1987 年第 1 ～ 7 期。

［24］花崎皋平：「田中正造の思想（上）」，『世界』1984 年第 3 期。

［25］花崎皋平：「田中正造の思想（下）」，『世界』1984 年第 4 期。

［26］南敏雄：「田中正造の政治思想」，『自由』1984 年第 7 期。

［27］田中正造大学出版部編『救現』1986 ～ 2013 年第 1 ～ 12 期。

［28］竹中正夫：「日本組合基督教会の歴史と課題―その 100 年にあ
たって―」，『基督教研究』1987 年第 3 期。

［29］小松裕：「田中正造における憲法と天皇」，『文学部論叢』1987
年度。

［30］小西徳應：「田中正造研究（上）―自治観の変遷を通して―」，
『明治大学大学院紀要』，1988。

［31］小松裕：「栃木県会議長時代の田中正造」，『文学部論叢』，
1989。

［32］竹中正夫：「田中正造の聖書観（人物誌）」，『キリスト教社会
問題研究』，1989。

［33］松田健：「田中正造における平和論について」，『国史学研究』，1989。

［34］清水靖久：「木下尚江にとっての田中正造」，『法政研究』1991年第2期。

［35］住田良仁：「田中正造考（一）：序論正造の現代文明批判」，『人文社会科学系』，1992。

［36］大竹庸悦：「田中正造と新約聖書，そしてキリスト教?」，『流通経済大學論集』1993年第3期。

［37］南敏雄：「ひとつの「義人・田中正造考」―外交防衛論にみる良心とその限界―」，『日本及日本人』1993年第3期。

［38］南敏雄：「田中正造の理論と現代的意義（上）彼の歴史観を中心として」，『自由』1993年第8期。

［39］南敏雄：「田中正造の論理と現代的意義（下）田中の歴史観を中心として」，『自由』1993年第9期。

［40］布川清司：「田中正造の非暴力・非服従」，『神戸大学発達科学部研究紀要』1994年第2期。

［41］小松裕：「田中正造の水の思想」，『文学部論叢』1994年第4期。

［42］飯田進：「アジア認識の形成―田中正造を中心に―」，『日本私学教育研究所紀要』1994年第2期。

［43］大竹庸悦：「内村鑑三，その政治観の変遷をめぐって：特に田中正造との関連において」，『流通経済大學論集』1994年第4期。

［44］小松裕：「若き田中正造の師・赤尾小四郎を追って」，『文学部論叢』1995年第2期。

［45］飯田進：「アジア認識の形成田中正造を中心に（2）」，『日本私学教育研究所紀要』1995年第3期。

［46］小西徳応：「田中正造研究―直訴報道と研究史―」，『明治大学

社会科学研究所紀要』1996 年第 1 期。

［47］住田良仁：「田中正造考（三）：下町の文化的風土その二」，
『北海道東海大学紀要（人文社会科学系）』，1997。

［48］住田良仁：「田中正造考（四）下野の文化的風土その三」，
『北海道東海大学紀要（人文社会科学系）』，1999。

［49］小西徳應：「田中正造研究―直訴にみる政治システム認識と天
皇観―」，『明治大学社会科学研究所紀要』1999 年第 1 期。

［50］栗林輝夫：「見よ，神は谷中にあり（上）：田中正造の解放神
学」，『関西学院大学キリスト教学研究』，1999。

［51］佐藤裕史：「田中正造における非戦論の形成と構造」，『史学雑
誌』2000 年第 7 期。

［52］三浦顕一郎：「田中正造の原初体験」，『白鴎法學』，2002。

［53］梅田欽治：「日露戦争百年―歴史認識の視点日露戦争に反対し
た田中正造―」，『前衛』2004 年第 12 期。

［54］小松裕：「田中正造研究現在に生きる田中正造」，『世界』2005
年第 2 期。

［55］三浦顕一郎：「田中正造におけるエコロジー思想の形成過程
（一）」，『白鴎法學』，2005。

［56］小松裕：「「新紀元」と田中正造」，『初期社会主義研究』，
2006。

［57］布川清司：「田中正造の政治的倫理思想」，『第一福祉大学紀
要』，2007。

［58］小松裕：「田中正造：社会運動と民衆の思想（特集日本近代
〈知〉の巨人たち―時代に屹立する精神）―」，『神奈川大学
評論』2007 年第 1 期。

［59］商兆琦：「田中正造の「無学」をめぐる一考察」，『新潟史学』
2009 年第 2 期。

［60］中村愛子、下村彰男：「田中正造の「治水論」と現代への継

承」,『ランドスケープ研究:日本造園学会誌』2010 年第
2 期。

[61] 小松裕:「田中正造と咸錫憲」,『文学部論叢』,2010。

[62] 花崎皋平:「田中正造における政治と情念(情念と政治)」,
『思想』2010 年第 5 期。

[63] 田村紀雄:「新井奥邃と田中正造—国権を超えるまなざし」,
『日本主義』2011 年第 4 期。

[64] 梅田欽治:「日本人の精神(11)田中正造、軍備全廃の思想」,
『季論』,2012 年夏。

[65] 商兆琦:「「生き返らせる」田中正造研究批判(東アジアの王
権と宗教)」,『アジア遊学』2012 年第 3 期。

[66] 中島国彦:「木下尚江と田中正造、一九一〇年まで:新資料・
木下尚江宛田中正造書簡の紹介」,『早稲田大学大学院文学研
究科紀要』,2013。

[67] 商兆琦:「「田中正造」研究以前の正造像」,『東京大学日本史
学研究室紀要』,2013。

[68] 菅井益郎:「日本近代化の問題点を露わにした東電福島原発震
災」,『社会政策』2013 年第 1 期。

[69] 小松裕:「田中正造とアジア:朝鮮観を中心に(特集田中正造
没後 100 年)」,『福音と世界』2013 年第 9 期。

[70] 飯田進:「田中正造の思想・その現代的意義(小特集いま田中
正造から学ぶ)」,『歴史地理教育』2013 年第 9 期。

[71] 商兆埼:「田中正造と下野」,『思想史研究』2013 年第 1 期。

[72] 飯田進:「戦いは昔のこととさとれ我人、田中正造の平和思
想」,『法学館憲法研究所報』2014 年第 1 期。

[73] 奥谷浩一:「田中正造の河川と治水の思想(1)」,『札幌学院
大学総合研究所』2016 年第 2 期。

[74] 奥谷浩一:「田中正造の河川と治水の思想(2)」,『札幌学院

大学人文学会紀要』2017 年第 2 期。

4. 报纸

［1］柏木義円：「佐野教勢」，『上毛教界月報』1900 年 09 月 24 日
（第 23 号）。

［2］柏木義円：「佐野教勢」，『上毛教界月報』1900 年 11 月 15 日
（第 25 号）。

5. 学位论文

［1］佐藤裕史：『田中正造における政治と宗教』，東北大学博士学位
論文，1996［1996 - 03 - 26］。

［2］小松裕：　『田中正造研究』，早稲田大学博士学位論文，2001
［1996 - 11　- 13］。

6. 电子资源

［1］吉田向学，2006，『部落序説』，http://blog. goo. ne. jp/eigaku/e/
85400a254b134e65d35f7dc00f31a5b6，最后访问日期：2018 年 5 月
8 日。

［2］『日露戦争と一般民衆』，http://www. tosyokan. pref. shizuoka. jp/
data/open/cnt/3/50/6/ssr4 - 55. pdf，最后访问日期：2018 年 5 月
8 日。

中文资料

1. 著作

［1］〔苏〕加尔别林 A. Л. 主编《日本近代史纲》，伊文成等译，生
活·读书·新知三联书店，1964。

［2］〔日〕城山三郎：《辛酸》，王敦旭译，作家出版社，1965。

［3］王充：《论衡》，上海人民出版社，1974。

［4］江苏省植物研究所编《城市绿化与环境保护》，中国建筑工业出
版社，1977。

［5］真宫之男：《工矿业污水公害防治技术》，中南矿冶学院出版，1982。

［6］李盛平主编《新学科新知识词典》，中国国际广播出版社，1989。

［7］日本环境协会编《日本的环境保护》（第1册），刘柏林、张丽华译，中国环境科学出版社，1989。

［8］吴廷璆：《日本史》，南开大学出版社，1994。

［9］卞崇道主编《东方文化的现代承诺》，沈阳出版社，1997。

［10］〔英〕沃纳主编《管理大师手册》，清华大学经济管理学院编译，辽宁教育出版社，2000。

［11］韦冠俊、蒋仲安、金龙哲编《矿山环境工程》，冶金工业出版社，2001。

［12］孙绪金、万林海、李志萍：《工程与水文环境地质学》，科学出版社，2001。

［13］沈仁安：《日本史研究序说》，香港社会科学出版社，2001。

［14］〔法〕卢梭：《社会契约论》，何兆武译，商务印书馆，2003。

［15］吴光辉：《传统与超越日本知识分子的精神轨迹》，中央编译出版社，2003。

［16］沈仁安：《德川时代史论》，河北人民出版社，2003。

［17］殷啸虎：《宪法学要义》，北京大学出版社，2005。

［18］夏显泽：《天人合一与环境问题》，云南大学出版社，2006。

［19］孙广来主编《世界百年风云纪实》第1辑，内蒙古人民出版社，2006。

［20］杜丽燕主编《中外人文精神研究》，中国大百科全书出版社，2008。

［21］王述坤：《日本名人奇闻异事》，上海人民出版社，2008。

［22］〔日〕丸山真男：《日本的思想》，区建英、刘岳兵译，生活·读书·新知三联书店，2009。

［23］〔日〕佐佐木毅、〔韩〕金泰昌主编《公共哲学第9卷：地球环

境与公共性》，韩立新、李欣荣译，人民出版社，2009。

[24] 王振锁、徐万胜：《日本近现代政治史》，世界知识出版社，2010。

[25] 巴克莱著：《马太福音注释（上）》，方大林，马明初译，人光出版社，1969。

[26] 许志伟主编《基督教思想评论》，上海人民出版社，2011。

[27] 〔日〕井口和起：《日俄战争的时代》，何源湖译，玉山社，2012。

[28] 王新生：《日本简史》，北京大学出版社，2013。

[29] 李燕、徐迎春：《淮河行蓄洪区和易涝洼地水灾防治实践与探索》，中国水利水电出版社，2013。

[30] 〔英〕塞缪尔·斯迈尔斯：《自己拯救自己》，贾明锐译，经济科学出版社，2013。

[31] 魏定仁、傅思明：《宪法发展简史》，江苏人民出版社，2014。

[32] 吕志祥等主编《环境法》，中国言实出版社，2014。

[33] 梅雪芹等：《直面危机：社会发展与环境保护》，中国科学技术出版社，2014。

[34] 解晓东、刘洋：《传统与变革：日本政治史专题研究》，东北大学出版社，2014。

[35] 安建增：《政治哲学视野中的自治理论研究》，安徽师范安徽师范大学出版社，2015。

[36] 王仲涛，汤重南著：《日本近现代史》（现代卷），现代出版社，2016。

[37] 〔日〕山室信一：《宪法九条：非战思想的水脉与脆弱的和平》，许仁硕译，八旗文化、远足文化，2017。

2. 论文

[1] 康复：《日本公害法形成史话》，《国外法学》1981年第2期。

[2] 刘立善：《日本公害的原点——足尾铜矿矿毒事件》，《环境保护

科学》1993 年第 2 期。

[3] 臧世俊：《甲午战争的国际背景》，《学术研究》1995 年第 6 期。

[4] 王铭：《"殖产兴业"与日本资本主义的发展》，《辽宁大学学报》
（哲学社会科学版）1997 年第 6 期。

[5] 庞仁芝：《论国防与外交在国际政治中的共性和联系》，《世界经
济与政治》1997 年第 8 期。

[6] 蒙培元：《〈中庸〉的"参赞化育说"》，《泉州师范学院学报》
2002 年第 5 期。

[7] 王振锁：《战前日本政党的兴亡》，《日本研究论集》2003。

[8] 肖四新：《伦理建构与神性启示——论十九世纪西方文学中基督
教人道主义的内涵》，《三峡大学学报（人文社会科学版）》2003
年第 4 期。

[9] 古德生、胡家国、王新民：《加入 WTO 后对我国矿山企业环境保
护问题的思考》，《中国矿业》2003 年第 7 期。

[10] 张铁勇：《试论儒家的仁政凝民之术》，《学术交流》2004 年
第 1 期。

[11] 滕琪：《"约定"背后的"自然"—略论卢梭社会契约论中隐含
的自然法观念及其神学背景》，《中国矿业大学学报》（社会科
学版）2005 年第 3 期。

[12] 叶艳华：《试析日英同盟成立的历史背景》，《东北亚论坛》2005
年第 2 期。

[13] 余晓泓：《日本产业结构从环境污染型到环境友好型演变分析》，
《上海环境科学》2005 年第 4 期。

[14] 淳于淼泠：《论福泽谕吉对西方民主思想的选择》，《南开日本研
究》2006。

[15] 淳于淼泠、王振锁：《日本福泽谕吉的民主思想及其影响》，《理
论导刊》2006 年第 11 期。

[16] 卢明银、王晓宇：《绿色开采的概念、技术体系与发展趋势》，

《化工矿物与加工》2007年第4期。

[17] 车维汉：《由财政压力引起的制度变迁——明治维新的另一种诠释》，《中国社会科学院研究生院学报》2008年第3期。

[18] 焦勇：《我国人权入宪的深层原因剖析》，《前沿》2009年第12期。

[19] 林凡：《试述产业集群对生态环境的影响—以福州寿山石产业为例》，《福建教育学院学报》2009年第1期。

[20] 安建增、陈萍：《论马克思的政治自治思想》，《西北大学学报》（哲学社会科学版）2010年第6期。

[21] 包茂红：《环境史研究》，《全球史评论》2011年第4辑。

[22] 胡备、吕利华：《论幸德秋水的"非战论"思想》，《通化师范学院学报》2011年第1期。

[23] 朱庆葆、魏星：《洪仁玕与福泽谕吉思想之比较》，《玉林师范学院学报》2011年第1期。

[24] 张建武、吴临芳、张驰：《中西方政治制度比较研究》，《人大研究》2011年第2期。

[25] 陈维新、曹志刚：《中华传统的民本政治与东北亚的政治诉求》《东疆学刊》2011年第2期。

[26] 戴宇：《从"客分意识"到"国民意识"——牧原宪〈客分与国民之间——近代民众的政治意识〉评介》，《史学集刊》2012年第1期。

[27] 胡志刚：《自由民权运动中的国权思想》，《乐山师范学院学报》2012年第4期。

[28] 王守华：《安藤昌益的环境思想及其哲学基础》，《日本问题研究》2013年第1期。

[29] 赵立新：《"明治宪法"体制的建立与崩溃：对近代日本宪政发展史的再思考》，《法律史评论》2014年。

[30] 郝海涛、程晓卿：《采矿业环境污染问题解决对策分析》，《科学

与财富》2014 年第 2 期。

［31］陈景彦、周致宏：《石桥湛山小日本主义思想的形成》，《史学集刊》2015 年第 4 期。

［32］船桥晴俊、寺田良一、罗亚娟：《日本环境政策、环境运动及环境问题史》，《学海》2015 年第 4 期。

［33］余斌、李嘉玮：《论比较研究的方法》，《河北经贸大学学报》2016 年第 3 期。

［34］林丽敏：《书评：〈国家战略转型与日本未来〉》，《现代日本经济》2016 年第 6 期。

［35］陈祥、梅雪芹：《环境问题"并非一国之问题"——论明治时期日本政治家田中正造的环保思想》，《社会科学战线》2017 年第 7 期。

［36］商兆琦：《田中正造的思想世界——关于明治儒学的个案研究》，《复旦学报》（社会科学版）2020 年第 5 期。

3. 报纸

［1］师艳荣：《日本"爱国心"教育再皇国化日本"爱国心"教育再皇国化》，《中国社会科学报》，2015 年 7 月。

4. 学位论文

［1］麻莉：《断裂的琉璃》，博士学位论文，复旦大学，2008，据中国优秀博硕士学位论文全文数据库：http://ckrd. cnki. net/grid20/Navigator. aspxID = 2。

［2］何力群：《中江兆民的政治活动与政治思想研究》，博士学位论文，吉林大学，2011，据中国优秀博硕士学位论文全文数据库：http://ckrd. cnki. net/grid20/Navigator. aspxID = 2。

［3］刘陆天：《中国现代化中的政府与政治发展研究》，博士学位论文，复旦大学，2003，据中国优秀博硕士学位论文全文数据库：http://ckrd. cnki. net/grid20/Navigator. aspxID = 2。

［4］达婷:《传统城镇风景空间环境协同研究》,博士学位论文,北京林业大学,2014,据中国优秀博硕士学位论文全文数据库:ht-tp://ckrd. cnki. net/grid20/Navigator. aspxID = 2。

［5］姚小芹:《日本明治政府对美修约研究（1868 – 1911）》,博士学位论文,江西师范大学,2016,据中国优秀博硕士学位论文全文数据库:http://ckrd. cnki. net/grid20/Navigator. aspxID = 2。

5. 会议录

［1］徐洪喜、朱晓东、陈军等:《扬州废弃矿区生态修复规划与实践》,中国生态学会2006学术年会论文荟萃,沈阳,2006。

［2］张云飞、李春香:《日本环境运动的发展历程》,中国自然辩证法研究会2013年学术年会,北京,2013。

附　录

附录 1－1：

开设国会乃当下之急务

苟上有贤明之政府，则其下受保护之民众孰不以为邦国而振奋忠爱之志气为义务？更不必言我国近来之形势。外交日益隆盛，繁忙至极。虽固有偿还国债之道，然金币缺乏而纸币充塞，对物价产生影响。农工商界，既有哀叹经济萧条者，亦有感慨物价上涨者，二者嚣嚣不已。于是世间之学士论者不堪坐视不睬，痛叹万分，又能奈何乎？民无魄力，国之精神亦萎靡。而追根溯源究其原因者近乎于无，只是常云此乃时势也。

听闻现今日支两国间产生一大纠葛。此传闻屡屡入余辈之耳。若此传闻属实，吾国真有此事，如此萎靡之国家如何驱使无魄力之国民迎战？此可谓大难之至也。然而，民籍被编入我日本帝国之人，谁又能枉曲正理，而成为投诚之人呢？纵使两国间大海飘满鲜血，也要振奋呈颓废之势的日本固有精神，务必使其通达于正理所存之处。然而，因尚未摆脱三百年来封建政体之习，不辨识举国皆兵之意义者十有七八。因此，百姓因无知而将兵事愈加依赖于政府，即使偶有征兵，也有因厌战而图谋逃避者。虽为无辜却被定罪，实令人不堪感叹。吾认为虽外有强敌，而国家萎靡，但如果让人民知晓上下一致，共荣共损，官民一心之道理，以维护国家的话，则国家之永久保全，宛如高耸云端之山岳，与日月同存。因此，使民众广泛知晓上下一致，共荣共损，官民一心之道理如何？给予人民以参政之权，可谓至善之策，此乃余辈之此篇题目之所以然。国会之事乃今学士论者为国振奋尽忠爱志气之问题也。顾往昔，数年前的旧参议诸公提出了设立民撰议院之建议，但因世人之反对而终以"尚早"二字被排斥。但尚有寥寥几位有志之士，出没隐现于报端，宛如拂晓之星辰。而某氏，独自一人却具有不屈之志气。某氏在日常告诉人们，我将和民权同生共死，壮哉！政府也跟随世间潮流而上，逐步将方向指向于此，明治八年经人民请愿而允许设立区会。明治十一年实地实行此事，直至今年已开设县会。其愿望已完成十之七八，此可谓盛哉！但作为庙堂之君子，可谓明治功臣之木户、大久保二公却已逝世。之前，江藤、前原、西乡等人负着反贼之污名而死。虽政府推陈出新，渐渐进步，改善政体等措施不胜枚举，但是退而言之，若是就偏僻乡下而论的话，仍是照旧如故。于是乎，余辈所望之事为速开设国会，达成人民之期望。（接下期）

（栃木新闻　明治十二年九月一日　第十九号）

附录1-2：

国难当头所能依靠者乃兵力也，而兵力之维系，需举国负担和支持。今日支两国发生冲突之际，若能开设人民期待已久的国会以达成民众之所望，一旦国难当头，必将志气奋励，思想勃然可如草芽沐浴雨露般兴起。如此这样，全国精神团结一致，就算数百万强敌也可一举而胜，不愧辱我日本帝国之体面，对此我深信不疑。

吾任区议员之时（明治十一年十一月十八日），曾将町村会设立条款草案呈报于县厅，等待是否可行的指令，此事已过许久（在东京府十二年一月见到了通报，其意思大同小异）。然目下正值外患萌发之际，开始町村会及国会乃当下之急务。近日听闻千叶县会议员向各县议员发起了促进开设国会之建议。此可谓一桩美事也。如上所述，吾辈迫切希望开设国会。但世上有论者云：政府已是开明，民众却仍未被开化，如何赋予如此无智无力之民众参政之权利乎？吾辈答曰：此举如同富商家之总管借口主人年幼，而不让其参与祖业一般。试看地租改正之事业，此举可谓是开国未曾有之变革，是官府亦头疼如何着手之难事也。而不正是因为将此委托于人民而不是官吏，才有了今日之结果吗？最初，百姓并不安心，现在已经服从了。因何？正因为让町村中有理想者负责此事（即负责人）。而且，委任者和担当者彼此和睦相处，并行权利，互相协议，以为村庄谋便利。官民之便益稍有不足（偶尔一两个县内有埋怨）。今已详尽分析此事，当时负责官吏只是将其事务的处理次序及方向授予了村民而已，但因官民间信息相通，却已绘制了记有空旷郊野之郁葱树木、河田堤防、道路桥梁及田园家居之缩略图（缩略图按一分按方六尺制作）。此皆出自于平常务农之农夫之手也，如此精细致密，其效果令人惊叹，出人意料。有论者云：农耕之事可问奴，纺织之事可问婢。将丈量原野山林委托耕种农田之农夫，可谓是适得其所。然而，岂可赋予其参政权呢？这是截然不同的事情！吾辈对此的回应是：丰臣秀吉出身为农夫，今著名的美国前大总统格兰特氏不也曾为皮革匠吗？如若不然，国会候选人在一县之中仅有数名。既然如此，府下的名绅名士自不待言，就是草莽之人，其存在也是必不可少的。由此观之，不可以将赋予民众参政权一事像彼富豪之家总管与幼主之关系一般对待。因此，吾辈坚决主张，设立国会，赋予人民参政权，使上下一致，精神团结，兴盛萎靡之国力，培养元气。如此，则纵然有外寇入侵之燃眉之急，也不会让其有丝毫觊觎之间隙的，此乃吾辈渴望开设国会之所以然。

（栃木新闻　1879 年 9 月 15 日　第 20 号）

田中正造全集编纂会编『田中正造全集』第一卷（自伝、論稿 1），岩波书店，1977，第 339~343 頁。

附录 2（节译）：

关于不知亡国即为亡国之质问书

田中正造

不知亡国即为亡国之相关质问

明治三十三年二月十七日　于众议院提出

杀民即灭国

轻蔑法律即轻视国家

我们在毁灭自己国家

滥用财力、杀害国民、乱用宪法之举，实乃亡国。奈何。

由质问进行详解

演　说

（明治三十三年二月十七日、众议院）

　　今天我要说的是，我们将要亡国、我们日本将要亡国。政府将不复存在，地方、国家也会消失，政府如果不明白这点，终将导致亡国。没有自知之明的人，如果明白自己是愚蠢的，那还不算愚蠢，真正的愚蠢是不知道自己愚蠢。扼杀国民就是扼杀国家，蔑视法律就是蔑视国家，人祸可以亡国。滥用财力、扼杀国民、无视法度而不亡国的，我还未曾听说过。当权者应当是无意为之，如果是明知故犯，那这就应该称作恶人的暴虐无道，即当权者的暴虐无道。政府这一集合体，于不知不觉中做了恶事，此乃政府之恶。是政府这个集合体之恶乎？是不是在明知故犯？当事人是否是知道的？是否是知道且不思悔改？

这是我质问的要点。所谓国家动乱，并不是马上就会出现问题，而是逐渐在历史中显现出来。

非常抱歉我现在已经精疲力尽，话都要说不出来，但有一点还是希望当局大臣不要忘记。大臣是知道那须郡开垦一事的。如果知道开垦此贫瘠之地一事的话，那么就应该在脑海中想像一下如果开垦渡良濑川这一关东最好的土地的话，结果会怎样呢？而今沦为矿毒地的渡良濑川这一关东最好土地的土质正在变坏。此事我以前说过，今天我将要进一步说明一下。

如果是自己拥有的公园、别墅或者土地，那不管土地多么贫瘠，也会觉得很重要。知道珍惜什么，这就说明其并不是没有欲望的。如果头脑中没有要破坏国家、浪费资源这样的念头，那就是说想要珍惜国家现有的资源，也就说不上是愚蠢的。如果有这样的念头，那就应该能够想到，那须郡是在栃木县内的，距其仅几里外的地方就是肥沃的田地，而且都有相应的持有人，这样的土地在几年的时间内就会受害而使土质变差，你们为什么会看不到这样的后果呢？更有甚者你们以后会走在这样的灾害土地上。不是不去看，而是走过这样的灾害土地，是经过栃木、茨城、埼玉后才能到那须。即使你们自己拥有的是那须野原那样，的贫瘠的土地，你们不也是知道要开垦、开拓的吗？你们头脑聪慧，精力过人，为什么不把这些用在国家正道上呢？就是因为这是别人的，别人的灾难对你们无所谓，你们本不应该有这样的想法。你们不应该有别人的东西无所谓的念头，尤其你们还是国务大臣，更不该有这样的思想。那须野的土地基本上都是国务大臣拥有的。以内务大臣西乡君为首，政府职员、原大臣中没有持有土地的就只有伊藤侯和大隈伯，其他人基本上都拥有土地。如果这样的话更应该能记住。幼吾幼以及人之幼，并非难事。

我简单地介绍一下历史情况，该矿毒的泛滥始于明治十二年（1879 年）。产铜的机械设备是在明治十二年进驻足尾铜山的。自明治十三年开始，有矿毒流出，栃木县知事发现这个问题后，从十三年到十五年一直在呼吁解决矿毒问题，但这位藤川为亲知事后来却突然被流放到岛根县，这是政府干涉矿毒问题的第一步。这已是旧事。这位藤川为亲被调走后，之后上任的知事就下了封口令，要求不准在请愿书上提到矿毒，官员不准提及矿毒问题，不准讨论有关矿毒问题。就因为这样，天真的人们在十年内都不知道矿毒其事，直到明治二十三年，人们惊讶地发现土地开始寸草不生，这才开始意识到问题的严重性而进行抗争。这是明治二十三年的事。之后就是众所周知的事了，在此没有必要赘述。事实已经变成这样，各地矿毒的关系和遭受灾害的地方我就不再一一说明了，只在此陈述所愿，感谢大家聆听。

矿毒地地处关东中央，大小为能登国两倍左右。关于此事，有一关东悲事告之诸位。此关八州向来人性卑微，落得今日田地实属咎由自取。何故？皆因承欢三百年长盛不衰德川幕府膝下，家庭教育败坏所致。

乘矿毒事件之际在关东正中央大肆制造大沙漠之人，乃京都上方人士古河市兵卫也，借机将此扩大之人乃萨长土肥也。今时今日，来此矿毒地察看又深觉惋惜之人，仍为上方人士，关东人士平左卫门，虽家园受辱仍平心静气，实属无脑无能之流。

关东正中央一大沙漠被造却无动于衷之病入膏肓者，却要求政府对苦苦哀求饶命不杀的请愿者进行镇压，既然如此也只能自为了。对手无缚鸡之力之百姓，手持佩刀大肆杀戮，对逃亡之人穷追不舍，实乃亡国之举，日本还能自欺天下太平否？

泥古守旧需摒弃，然年轻者尚未有能承国家大业者，年轻者年老者皆不顶用。日本仿佛如两个国家一般，虽皆为日本人，然若无翻译则不能理解对方。年老者不明所以，年轻者畏畏缩缩。不明所以亦可，畏畏缩缩亦可，倘若双方以真面目相对，则日本有崛起之可能性。愚蠢自大，为虎作伥，闻所未闻。

本意非一味指责政府。教育虽恶，倘若有也罢，吾辈已老，却从无享受教育之机，无教育者则无立国之本。年轻有学问者如诸位若能以真心示人，不同流合污，随波逐流，幸矣，则日本或未有亡国之危。若当今之世态持续，长此以往，则非日本将亡，实乃日本已亡。然有日本还未亡之思虑者，何出此言？

今日的质问乃是日本诸多事情之一矿毒事件。此事件诉之与众却反响平平，亦未能传达之诸位耳中。一来此事在全国尚为先例，政府毫无处理经验且不能以肉眼判断，二来全国诸如矿毒之类事件日益增多，民众早已麻木。三百警察手持佩刀，以柄当枪威吓民众，追捕殴打时口中念念有词"土百姓"。"土百姓"出自何处，拜古河市兵卫所赐，其云无矿主则无"土百姓"之生存，"土百姓"卑贱低下，妄称为人，故有"土百姓"一说。三百巡察有如战场杀敌般齐声高喝"土百姓"，对其残暴施虐，施虐方大呼胜利，天理何在？而受害方则手无寸铁。尤其是此次由发起人负责指挥，告诫大家注意品行举止，保持肃静，因此即使是一支烟管也没有人拿进去。欢呼胜利为哪般？

当今政府安逸享乐，高歌天下太平，以为日本会一直太平无事。这种想法是错误的，究竟是一种怎样的考量呢？这是我提问的要点。大抵国家只有在灭亡之日才会惊醒。平日伴随君王左右而加以辅佐的丞相及官员腐败不堪，难以为继。草菅人命却不知国以民为本，杀民无异于自戕。用自己的双手将自己的宝贵的子民加以屠杀，更是极端行为，这不是亡国又是什么呢？派警察杀戮子民，实乃伤害陛下龙身，也是伤害其自身，然而其并不明白此理乃是最大天则，甚至为遮掩隐瞒而以聚众滋事之名将百姓送上法庭。然而，倘若真是聚众滋事，那我也为其中一分子，恳请不必拘于议会是否开会，先将我绳之以法。若为普通事件则另当别论，但诸如聚众滋事类重大事件，即便我身为议员也不可饶恕。我至今一直奔走演说，致力于主张人民权利及普及环境安全卫生意识。倘若世间愚昧之人认为我此举煽动和教唆大众，则可以先将我带走。如果是聚众滋事等大事，为何不处置我田中正造呢？如果是打杀民众之大事，为何不将田中正造拘留审讯呢？倘若天皇陛下看不到此议会速录，我必定将心中所想诉之与众，以最粗鲁的语言痛陈这些蠢货和傻瓜。敬请原谅！立宪政体内的诸位大臣，既卑劣贪婪，也软弱无能，如何能够担负起治理国家之重担呢？今日国家之命运不是那么让人乐观的！

今日政府，伊藤先生也罢，大隈先生、山县先生也罢，都是一样的。这是因为这些人的背后支持者皆已成为守成之人，而非创业之人。这已经是一个贪求个人财产的时代，大多认为与其传承先辈的事业，不如增值个人的财富。先辈老矣，后辈也老矣，不论谁出山都是不行的。我亦不知国家未来命运如何，只是想虽愚钝但如果认真去做事情的话，这个国家或许可以保住。然而愚蠢而又夜郎自大的话，这个国家会怎样呢？我的提问到此结束。

国家乃大家之国家，特别是今日已成为官吏、国会议员者责任重大。往事虽不咎，但恳请诸位为了国家而要诚实认真，哪怕使国家晚一日亡国也好。政府岂能坐视国家日益灭亡而自诩天下太平？抑或如田中正造所言认为国家已亡？

田中正造全集編纂会編『田中正造全集』第八卷（衆議院演説集 2），岩波書店，1977，第 257～302 頁。

附录 3：

田中正造直诉书

谨奏

田中正造（印）

  草莽微臣田中正造，诚惶诚恐顿首谨奏陛下。惟臣乃田间匹夫，斗胆逾规犯上，惊扰凤驾，微臣理应罪该万死。然微臣因难忍为国家民生谋福之耿耿赤心，心甘情愿而为之。伏望陛下深慈，俯察愚言，夜揽臣奏。

  东京以北四十里有一足尾铜山。近年因该矿业西洋器械发达而致毒害日益增多，其采矿制铜时会产生毒水毒屑，久而久之，埋没涧谷，流入溪流，顺渡良濑河滔滔而下，令沿岸居民深受其害。且随着采矿业日益发达，其毒害也日益增多。另外，滥伐山林烟毒至水土流失严重，故河床激变，洪水频发，又因水平面升高数尺毒流四方，泛滥成灾，造成茨城枥木群马琦玉四县及其下游数万亩田地污染，鱼类灭绝，窒息而亡，田园荒废，数十万民众失去谋生之道，无营养摄入，或者离乡背井、饥寒交迫，无以维生和看病求医。老幼者辗转于沟壑之间，年状者背井离乡，流离他乡。长此以往，20 年前肥田沃土已变成黄茅白苇，满目苍痍，荒野茫茫。

  臣甚早日睹该地民众深受矿毒祸害，痛苦不堪之现状，忧心忡忡，手足无措。早前在选为众议院议员参加第二期议会时，臣曾首次向政府痛诉惨状。而后每期议会臣都大声疾呼谋求应对良策，至今已有十年之久。然政府常顾左右而言其他，至今仍未实施有效措施。而地方牧民等有职业在身者，对此置若罔闻，毫无反省之心。甚至因人民不堪忍受穷苦群起情愿寻求保护之际，当局借此派警吏镇压并诬陷其为凶徒投至监狱。更为严重的是，国库收入减少数十万日元，又将要达到几亿千万日元。现在民众不仅丧失了公民权，町村自治制度也遭破坏，因饥饿贫苦疾病以及中毒身亡之人年年增多。

陛下有不世出之资，承列圣之光，德溢四海，威震八方。亿兆庆升平。然距离陛下辇毂甚远处有数十万无处申冤的贫民仰天哭泣，跪求天赐雨露之恩。呜呼哀哉，这绝非圣代污点，其咎实乃政府当局怠慢渎职所致。

邪臣壅蔽陛下之聪明，置家国民生于不顾。呜呼四县之地亦陛下之王土，四县子民亦陛下之赤子。政府当局将陛下之地与陛下子民置于如此悲惨之境而毫无忏悔之心，陛下绝不能袖手旁观。

伏惟陛下能究政府当局之责任，施日月之恩与子民。其一清理渡良濑河水源；其二修筑河床使其恢复天然旧样；其三去除毒土；其四恢复沿岸无可估量之天然产物；其五修复町村颓废样貌；其六停止有毒矿业，杜绝毒水毒屑流出。长此以往，数十万生灵涂炭者将被拯救，相继回到居住地，可有效防止人口流失。同时施行我《大日本帝国宪法》及法律，保障其权益，将来在国家富强之基础上可挽回乃至杜绝无数势力及财富。如任由毒水横流，则恐其遗患无穷。

微臣今年六十一且年老多病，剩下时日已经不多。故斗胆不计利害而唯期报效万一，冒斧钺之诛将此痛陈于天下。伏望圣明俯垂矜察。微臣痛绝呐喊。

明治三十四年十二月

草莽微臣田中正造，诚惶诚恐顿首谨奏陛下（印）

田中正造全集编纂会编『田中正造全集』第三卷，岩波书店，1977，第5~8页。

附录4：

田中正造生平

年号纪年	公元纪年	年龄	事件时间	事件内容
天保十二年	1841 年	1	11 月 3 日	田中正造于下野国安苏郡小中村（现栃木县佐野市小中村）出生
弘化四年	1847 年	7		田中正造拜赤尾小四郎门下，学习读书写字
安政四年	1857 年	17		父亲富藏晋升为割元。田中正造同年被任命为小中村六角家知行所名主。
文久三年	1863 年	23		田中正造结婚。同年开始六角家改革运动。
明治二年	1869 年	29	4 月	田中正造因六角家事件入狱。（入狱时间一个月又二十天）
				继承祖父的名字改名为正造。
明治三年	1870 年	30		开始在江刺县花轮支厅（现秋田县）工作。
明治四年	1871 年	31		被怀疑杀死上司而被捕入狱（二年零九个月），狱中接触到《西国立志编》等介绍西方政治经济思想等书籍。
明治 7 年	1874 年	34		在自家试行"家政宪法"。
明治11 年	1878 年	38		将购入的田地出售后获益三千余元，决定以其为活动资金而专心于政治。
			7 月 1 日	当选栃木县第四大区三小区区会议员。
明治12 年	1879 年	39	8 月 2 日	担任恢复发行的《栃木新闻》主编。
			9 月 1 日	在栃木新闻中刊登《开设国会乃当下之急务》。

年号纪年	公元纪年	年龄	事件时间	事件内容
明治 13 年	1880 年	40	8 月 23 日	在安苏结合会第一次会议中当选为会长
			10 月 4 日	成为开设国会建议书起草委员
			11 月	当选栃木县会议员，并在此后四次连续当选
				同年日本国内掀起开设国会运动
明治 15 年	1882 年	42	5 月 17 日	从《栃木新闻》报社辞职
			12 月 18 日	加入立宪改进党
明治 17 年	1884 年	44		田中正造领导反对针对栃木县三岛通庸县令暴政的运动
			9 月 23 日	加波山事件
			10 月 18 日	受加波山事件牵连而入狱（3 个月）
明治 19 年	1886 年	46	4 月 1 日	当选栃木县会议长及常置委员
明治 23 年	1890 年	50	7 月 1 日	在第一届日本帝国议会选举中当选栃木县众议院议员（此后连续六届当选）
明治 24 年	1891 年	51	3 月 5 日	在该议会中就条约改正问题向青木外务大臣进行质询
			12 月 18 日	在第二届日本帝国议会上首次提出《关于足尾铜山矿毒的质问书》
			12 月 22 日、 23 日	在该议会上提出了《关于神户造船所等官有物品出售问题的质问书》
明治 25 年	1892 年	52	5 月 24 日	在该议会上提交了《关于足尾铜山矿毒危害的质问书》和《北海道幌内郁春别铁道及炭矿等相关质问书》，并发表说明演讲
			6 月 14 日	在第三届日本帝国议会上提交《对农商务大臣回答关于足尾铜山矿毒危害的质问书》，并发表说明演讲
			6 月	各地受灾群众与古河方面逐渐达成暂定和谈契约

年号纪年	公元纪年	年龄	事件时间	事件内容
明治26年	1893年	53	2月24日	在该议会上提交《关于北海道炭矿铁道公司的质问书》，并发表说明演讲
			11月28日	在第五届日本帝国议会上被任为惩罚委员
			11月29日	在该议会上，就众议院议长星亨的不信任案，发表赞成演讲
			12月4日、13日	在该议会的惩罚委员会上，发表关于星亨议长的惩罚意见
明治27年	1894年	54		批判条约改正硬六派的联合行动
			6月2日	在第六届日本帝国议会上提出关于"小金原开垦地纷争"、"北海道炭矿铁道公司"和"山林不当交换"等问题的质问书，并发表说明演讲
			7月16日	日英签订《日英通商航海条约》
			8月1日	日本对中国清政府宣战
			8月18日	赴矿毒受灾地进行调查，并考察粉矿采集器的效果
			10月20日	在该议会的预算委员会上就甲午中日战争临时军事费发表赞成演讲
明治28年	1895年	55	4月17日	中日签订《马关条约》
			4月23日	三国干涉还辽
			12月19日	提交《就陆军军事用品的采购及随军杂工雇佣对经理部的质问书》
			12月28日	第九届日本帝国议会召开
明治29年	1896年	56	1月10日、17日、27日	质询报纸法案
			3月1日	立宪改进党、立宪革新党、进步党等合并组成进步党
			3月25日	在该议会上提交《关于足尾铜山矿毒的质问书》，并追究了永久和谈的不正当性

年号纪年	公元纪年	年龄	事件时间	事件内容
			7月21日、8月17日、9月8日	渡良濑川发生三次大洪水,矿毒问题复发
明治30年	1897年	57	2月20日	制成《足尾铜山矿毒受灾种类参考书》
			3日15日~17日	在第十届日本帝国议会上提交《关于足尾铜山矿厂停业的质问书》
			9月~10月	在东京写作《足尾铜山矿毒事变请愿书及始末略书》
明治31年	1898年	58	1月4日	田中正造编纂的《足尾铜山矿毒事变请愿书及始末略书》发行
			1月5日~13日	在馆林、佐野地区展开反对矿毒问题运动
			8月12日~28日	在矿毒受灾各地开展运动
			12月21日	出席在宇都宫召开的非增税政坛演讲会
明治32年	1899年	59	1月15日	在足利町的非增税派演讲会上以《不增租与节约政费》为题发表演讲
			3月6日	在第十三届日本帝国议会上发表反对增加岁费的演讲（并在同年4月19日提交了辞退岁费书）
明治33年	1900年	60	2月6日	在第十四届日本帝国议会上提交《关于士兵待遇的质问书》
			2月17日	提交《关于不知亡国即为亡国之质问书》,并发表说明演讲
			2月26日~3月17日	木下尚江在每日新闻上连载《足尾矿毒问题》（共十七回）
			2月末	每日新闻首次拜访木下尚江,谢辞矿毒记事的连载
			8月19日~20日	关东暴雨,渡良濑川水位上涨

年号纪年	公元纪年	年龄	事件时间	事件内容
明治 34 年	1901 年	61	3 月 23 日	在该议会上提交《关于不知亡国之再次质问书》等两份质问书，并发表说明演讲
			5 月 29 日	前桥地方裁判所就"哈欠事件"做出无罪判决
			6 月 21 日 ~ 28 日	与矿毒调查有志会委员内村鉴三等人调查栃木、群马、琦玉三县的受灾地区
			7 月 14 日 ~ 9 月 2 日	在受灾地开展运动
				与新井奥邃首次会面
			11 月 22 日 ~ 23 日	带领万朝报的黑岩泪香、幸德秋水等人前往海老濑村
			12 月 10 日	欲向议会开院仪式归途中的天皇递交直诉状被拦截。在警察署调查后于黄昏被释放
明治 35 年	1902 年	62	1 月 12 日	与木下尚江、幸德秋水等人在佐野万座发表演讲
			1 月	新井奥邃得知田中正造直诉后，向《日本人》元月一日号投稿《观其过知其仁》
			1 月 31 日	向万朝报投稿《视察矿毒地的心得》
			10 月	在谷中村的演讲会场上首次见到岛田宗三
明治 37 年	1904 年	64	2 月 12 日	对河井重藏参与总选举进行应援，在静冈县挂川町发表"非战论"演讲
			2 月 10 日	日本对俄宣战
			2 月 28 日 ~ 3 月 9 日	在矿毒受害地开展运动
			12 月 24 日	出席在神田基督教青年会馆召开的足尾矿毒问题解决期成同志会。31 日起逗留于谷中村

年号纪年	公元纪年	年龄	事件时间	事件内容
明治 38 年	1905 年	65	1 月 30 日	就强制收购谷中村问题向内村鉴三陈情
			3 月 17 日	栃木县知事白仁武通过告谕第二号承诺对谷中村土地被收购者进行补偿和租借代替地（将来转让），以其他方式救助无土地所有者
			9 月 5 日	日俄签订《朴次茅斯条约》
			9 月 10 日	《直言》废刊
			11 月	同意收购谷中村的村民开始移居
			12 月 7 日	完成《日本谷中村记》并印刷分发
			12 月 13 日	完成《谷中村堤防记》并印刷分发
				这一年完成了大量为宣传、解决谷中村问题的文书
明治 40 年	1907 年	67	1 月 15 日	日刊《平民新闻》创刊
			2 月 8 日	与谷中村残留村民 22 人及远藤四郎一同进京
			12 月 19 日	在古河町宝轮寺召开利根川逆流问题演讲会，以《水害、地势、水势、风波论》为题发表演讲
明治 41 年	1908 年	68	4 月 5 日	在《新生活》上刊登田中正造《废除海陆军备》的谈话文章
			5 月 2 日	在神田基督教青年会馆召开的演讲会上发表演讲《谷中村问题及停止军备论》
			9 月	开展反对向谷中村堤内使用河川法的运动
明治 43 年	1910 年	70	6 月 1 日	幸德秋水被捕
			8 月 11 日	关东发生特大洪水。洪水造成思川决堤和利根川逆流等情况

年号纪年	公元纪年	年龄	事件时间	事件内容
			8月11日~年末	视察灾情、发表演讲、进行实地调查，对政府治水政策的错误性进行实地取证
			8月25日	与冈田虎二郎首次见面，并被传授静坐法
			10月18日	政府设置临时治水调查会
			11月	在各村劝说蓄水池用地内的村民移居至北海道
			12月21日	总理大臣桂太郎公布渡良濑川改修工程区域内使用土地收购法
明治44年	1911年	71	10月30日	缺席不当收购价格诉讼案第十四次公判，收到缺席判决。之后申请异议
明治45年（大正元年）	1912年	72	2月10日	渡良濑川改修工程办公室向土地物件所有者交付收购协议书。价格约为之前栃木县强制收购价格的约4倍
			6月3日	新井奥邃介绍了律师中村秋三郎
大正2年	1913年	73	2月10日	护宪运动民众包围议会，发生暴动
			6月	毛野村岩崎佐十从中斡旋，希望实现渡良濑川上游沿岸受灾民众与下游沿岸受灾民众合并，但未成功
			7月11日~13日	起草《利岛川边村水灾问题纪要》、《关于保护藤冈古河两町的檄文》
			8月2日	从佐野回谷中村途中，卧病于栃木县足利郡吾妻村
			9月4日	下午零点五十分，田中正造因病逝世
			10月12日	正式葬于佐野町春日冈山惣宗寺
大正4年	1915年		11月30日	内务省为顺利进行渡良濑川改修工程，将谷中村堤外拒绝被收购的土地认定为适用土地收购法。

年号纪年	公元纪年	年龄	事件时间	事件内容
大正 5 年	1916 年		11 月 22 日	栃木县知事平塚广义以违反河川法的名义下令谷中村堤内残留村民在 12 月 20 日前搬离
大正 6 年	1917 年		1 月 19 日	谷中村剩余居民承诺搬离

后　记

本书是在我博士论文的基础上修改完成的。2018 年 12 月论文完成后，经过近三年的不断积累，以及与同行的深入探讨，我对论文增添了许多新的想法和感悟，加笔修改而成现在的面目。

田中正造和他的"真文明"思想在国内并不被人熟知。除《田中正造全集》和《田中正造选集》外，其相关史料也甚少。且《田中正造全集》和《田中正造选集》中多为明治时期日语语法，虽然自己学过日语，但仍觉得吃力难懂。现在想起自己能完成本书写作，不知道自己是"无知者无所畏惧"还是"激流勇进"。但是我并不后悔，只是有些许遗憾。作为老师的开门弟子，觉得自己并没有给师弟师妹起到很好的表率作用，没有完成导师给予的论文立意与期待，仅期在未来的学习和研究中尽量弥补。

本书的完成，首先要感谢恩师戴宇教授。戴老师学术造诣极高，严谨负责，为人和善。在戴老师的指导之下，我才得以确定博士期间的研究方向。在博士期间的研究和写作过程中，戴老师更是给予我无微不至的指导与帮助，解决和纠正了诸多问题，使我的毕业论文得以顺利地完成和通过。导师严谨的治学态度给我留下了深刻印象，并对我产生了极大影响。吉林大学东北亚研究院的陈景彦教授、张广祥教授、王玉强教授在我博士论文撰写期间悉心指导，在此再度感谢。

在我入职北华大学后，东亚中心郑毅教授对我的研究工作多有指导，鼓励我拓宽研究领域，为我赴北京外国语大学进行博士后研究提供了支持和帮助。周维宏教授为我的博士后研究指明了新方向，并进行了细致、耐心的指导，极大拓展了我的研究课题，日研中心的各位老师也提供了各种帮助。中国社会科学院日本研究所王伟教授、张建立教授也提出了令我受益匪浅的建议。这些指导与帮助，为本书的丰富与完善提供了坚实的后盾，限于后记篇幅，我无法将提供帮助的老师一一具名，只能致以诚挚的谢意。

其次，还要感谢日本熊本大学的小松裕教授和日本东北大学日本安达宏昭教授。小松裕教授是日本田中正造思想研究"第一人"，博士期间，通过邮件等方式，我与小松教授取得了联系。小松教授以抱病之躯为我答疑解难，并邮寄相关文献资料。遗憾的是，小松教授溘然长逝，我原定的访学计划也因此搁浅。虽然素未谋面，但小松教授热心的帮助不仅激励我潜心研究，也为我博士论文的顺利完成添加助力。本书的出版，也是我对小松教授的纪念。感谢安达老师以及日本东北大学日本史研究室的各位老师和同学，感谢他们在资料搜集和整理中对我的支持和帮助，解决了本书写作中的诸多难题。

再次，我还要感谢北京外国语大学博士后站、国家留学基金委、吉林大学及东北亚研究院为我提供了高水平的学术平台，使我能够顺利地完成本书写作。

最后，我要特别感谢父母及一些朋友给予我的支持与帮助。正是因为父母从精神和物质方面对我学业的极力支持与帮助，我才有充足的动力去完成写作。我还要对写作期间关心和帮助我的其他朋友致以诚挚的谢意。感谢他们的热情帮助和理解！

本书的完成，不仅让我知道自己的不足，更让我对"研究"二字有了新的感悟体会。王维《终南别业》中的"行到水穷处，坐看云起时"最能准确表达我对此的理解。另外，我还要感谢读者对本书的阅读，希望您在阅读本书之后不吝赐教，您的批评是我学术进步的源泉。

2021 年 5 月

图书在版编目（CIP）数据

田中正造"真文明"思想研究 / 张晋著. -- 北京：
社会科学文献出版社，2021.12
ISBN 978 - 7 - 5201 - 9142 - 5

Ⅰ.①田… Ⅱ.①张… Ⅲ.①田中正造（1841 -
1913）- 思想评论 Ⅳ.①D093.134

中国版本图书馆 CIP 数据核字（2021）第 203172 号

田中正造"真文明"思想研究

著　　者／张　晋

出 版 人／王利民
责任编辑／卫　羚
责任印制／王京美

出　　版／社会科学文献出版社·人文分社（010）59367215
　　　　　地址：北京市北三环中路甲 29 号院华龙大厦　邮编：100029
　　　　　网址：www.ssap.com.cn
发　　行／市场营销中心（010）59367081　59367083
印　　装／三河市尚艺印装有限公司

规　　格／开　本：787mm × 1092mm　1/16
　　　　　印　张：11.75　字　数：161 千字
版　　次／2021 年 12 月第 1 版　2021 年 12 月第 1 次印刷
书　　号／ISBN 978 - 7 - 5201 - 9142 - 5
定　　价／128.00 元